Aprenda Programação Funcional

Aprenda Programação Funcional

Como Pensar Funcionalmente para Trabalhar com Códigos Complexos

Jack Widman, Ph.D.

ALTA BOOKS
GRUPO EDITORIAL
Rio de Janeiro, 2024

Aprenda Programação Funcional

ISBN: 978-85-508-1962-4

Impresso no Brasil — 1ª Edição, 2024 — Edição revisada conforme o Acordo Ortográfico da Língua Portuguesa de 2009.

Dados Internacionais de Catalogação na Publicação (CIP)

(BENITEZ Catalogação Ass. Editorial, MS, Brasil)

W633a Widman, Jack

1.ed. Aprenda programação funcional : como pensar funcionalmente para trabalhar com códigos complexos / Jack Widman ; tradução Renan Amorim. - 1.ed. - Rio de Janeiro : Alta Books, 2024.

160 p.; il.; 15,7 x 23 cm.

Título original: Learning functional programming.

ISBN 978-85-508-1962-4

1. Algoritmos. 2. Ciência da computação. 3. Java (Linguagem de programação para computadores). 4. Programação (Computadores). I. Amorim, Renan. II. Título.

10-2024/112 CDD 004

Índice para catálogo sistemático:

1. Linguagem de programação : Ciência da computação 004

Aline Graziele Benitez - Bibliotecária - CRB-1/3129

Produção Editorial: Grupo Editorial Alta Books
Diretor Editorial: Anderson Vieira
Vendas Governamentais: Cristiane Mutüs
Gerência Comercial: Claudio Lima

Produtora Editorial: Isabella Gibara
Tradução: Renan Amorim
Copidesque: Aline Amaral
Revisão: André Cavanha; Alessandro Thomé
Diagramação: Joyce Matos
Revisão Técnica: Mario Adaniya
(Professor de Ciência da Computação no Centro Universitário Filadélfia - UniFil)

ALTA BOOKS
GRUPO EDITORIAL

Rua Viúva Cláudio, 291 — Bairro Industrial do Jacaré
CEP: 20.970-031 — Rio de Janeiro (RJ)
Tels.: (21) 3278-8069 / 3278-8419
www.altabooks.com.br — altabooks@altabooks.com.br
Ouvidoria: ouvidoria@altabooks.com.br

Editora **afiliada à:**

ASSOCIADO

Para as minhas três filhas incríveis: Katherine, Annie e Victoria.
E para Andrea, cujo apoio e amor me incentivaram de tantas formas.

Sumário

Prefácio

No decorrer dos últimos anos, a programação funcional (PF) passou por um período de renascença. Várias empresas estão procurando por programadores que tenham experiência em programação funcional. Muitas linguagens que não foram projetadas originalmente para serem funcionais vêm evoluindo com o passar do tempo para incluírem capacidades funcionais. Linguagens como Java, JavaScript e Python, para citar apenas algumas, vêm se tornando cada vez mais funcionais. O incentivo para os programadores adquirirem experiência funcional parece se dever, em parte, à aparente melhoria no processo de desenvolvimento, incluindo uma sensação de que, quando adotamos o método funcional, temos menos bugs e produzimos códigos mais expansivos e robustos. Se isso é verdade ou não e se a proporção da produção de códigos funcionais aumentará, só o tempo dirá. Por enquanto, consideraremos a programação funcional como um de vários paradigmas, cada um deles com suas próprias vantagens e desvantagens.

Quem Deveria Usar Este Livro?

Basicamente, todos os programadores. Se não tem experiência em PF, mas já ouvir falar nela e ficou curioso, ou até se comprou esta publicação sem a menor noção do que seja a PF, este livro será útil para você. Programadores de PF experientes também tirarão proveito dele. Este livro analisa as raízes da Teoria das Categorias da PF de uma forma jamais vista em outros livros sobre PF. Por fim, os programadores que têm certa experiência no uso da PF, mas que desejam ir além e se aprofundar nos conceitos e teorias que a compõem, encontrarão muitas coisas que poderão lhes ser úteis.

Como Este Livro Está Organizado

Queremos demonstrar, por meio de várias linguagens de programação, como os construtos funcionais podem melhorar nossos códigos. Mas, à medida que o livro avança, a linguagem de programação Scala é usada com mais frequência nos exemplos. O motivo disso é que o autor acredita que, devido à facilidade com que ideias funcionais conseguem ser expressas em Scala, o leitor terá muito mais facilidade de entender tais ideias se estas forem transmitidas de um modo mais natural, o que é possível fazer com a Scala. Para uma breve introdução à Scala, veja o apêndice.

Convenções Utilizadas Neste Livro

As seguintes convenções tipográficas são usadas neste livro:

Itálico

: Indica novos termos, URLs, endereços de e-mail, nomes de arquivos e extensões de arquivos.

`Fonte monoespaçada`

: Usada para a listagem de programas e para fazer referência a elementos dos programas em parágrafos, como nomes de variáveis ou funções, bancos de dados, tipos de dados, variáveis de ambiente, declarações e palavras-chave.

Este elemento representa uma dica ou sugestão.

Este elemento representa uma observação geral.

Este elemento representa um alerta ou atenção.

Temos um site para este livro, onde listamos erratas, exemplos e outras informações adicionais. Você pode acessar essa página utilizando o seguinte endereço: *https://oreil.ly/learning-fp (conteúdo em inglês)*.

CAPÍTULO 1
O que É Programação Funcional?

Programação funcional? Functores? Monoides, monads? "Eu não sou nenhum matemático!", você talvez diga. "Como vou aprender esses conceitos esotéricos? E por que deveria querer fazer isso?" Essas preocupações são totalmente compreensíveis. Mas a verdade é que você não precisa ser um matemático para ser um programador funcional.

Os conceitos fundamentais da programação funcional são fáceis de entender quando apresentados de forma clara e direta. E é esse o objetivo deste livro: tornar a programação funcional compreensível e prática. Mais especificamente, vou ensiná-lo a *pensar* como um programador funcional. Mas por que você desejaria aprender programação funcional?

Imagine o seguinte: são 22h e você está totalmente travado, tentando resolver um bug de um programa que precisa entregar na manhã seguinte. O problema parece girar em torno de uma variável chamada *ratio*. O problema é que, dependendo das condições do sistema que está modelando, essa variável continua mudando. Sua frustração aumenta. Ou você tem um prazo no trabalho e seu microsserviço tem um bug elusivo que está lutando para encontrar. O problema parece estar em dois loops for aninhados nos quais as variáveis são modificadas de uma forma bastante intrincada. A lógica é complexa, e você não consegue encontrar a solução. Quem dera houvesse uma maneira de escrever programas de uma forma em que os valores das variáveis não mudassem! É aí que entra a programação funcional.

> As variáveis cujos valores mudam com frequência são uma considerável fonte de bugs em programas. Pode ser difícil acompanhar os valores delas porque elas podem mudar a qualquer momento.

Então, o que é programação funcional? O que faz com que uma linguagem seja funcional e outra não? A verdade é que, até certo ponto, é uma questão de grau. Você não precisa seguir todos os princípios que se enquadram no tema de programação funcional. Algumas pessoas tentarão seguir todos eles, ao passo que outras escolherão alguns. Fica a seu critério. A programação funcional (PF) é um paradigma ou uma abordagem à programação, um modo de fracionar o mundo e montá-lo novamente em forma de códigos. Ela envolve a maneira como organizamos essa peça do mundo que estamos modelando e como organizamos e estruturamos o código.

Para descrever melhor a essência da PF, começaremos contrastando-a com a programação imperativa e com a programação orientada a objetos (POO). Existem outras, como a programação lógica, mas essas três são de longe as mais populares.

A programação imperativa é o que poderíamos chamar de programação antiga. É o que a programação era antes da programação orientada a objetos e funcional. Nela, escrevemos funções ou procedimentos, usamos loops `for` e `while` e mudamos os estados com frequência. Linguagens como C ou Pascal são típicas linguagens de programação imperativa. Também temos a POO. O paradigma mais popular atualmente, a POO é o processo de modelar o mundo como uma coleção de objetos. Cada objeto tem um estado e métodos, que são operações que representam comportamentos específicos e relevantes do objeto. À medida que o programa é executado, o estado dos objetos muda. Os benefícios dessa abordagem incluem o encapsulamento, o que significa que o estado e os métodos que pertencem a um objeto existem no nível do código, dentro do objeto. Essa é uma ideia muito melhor do que permitir que o estado se espalhe pelo código inteiro, tendo em vista que é muito difícil trabalhar com estados mutáveis. Temos múltiplas variáveis, talvez muitas, e seus valores estão mudando. A abordagem da PF é reconhecer isso e tentar minimizar e, se possível, erradicar a mudança de estado por completo.

> Erradicar a mudança de estado, em vez de tentar administrá-la, é o princípio fundamental da programação funcional.

No fim das contas, nem sempre é possível evitar os estados mutáveis, de modo que a abordagem padrão da PF é isolar a parte do código que altera o estado. Quando não conseguimos erradicar todos os estados mutantes, podemos, pelo menos, restringir o código com o estado mutante em um lugar específico.

Imutabilidade

O aspecto mais importante da PF é a imutabilidade. Em termos gerais, isso significa a ausência de mudanças. Algo é considerado imutável se não podemos modificá-lo de alguma forma. Na programação funcional, isso significa algumas coisas. Quando uma variável é criada, seu valor não pode ser alterado. Se x = 3 no início de um programa, ele terá esse valor até o fim do programa. Será que isso quer dizer que, se um programa for escrito no estilo funcional, e a idade de uma pessoa mudar, essa mudança não poderá ser modelada? Claro que não. Isso seria um absurdo. Existem algumas técnicas, como a cópia eficiente, que nos permitem manipular nosso código sem alterar o estado. Considere este simples loop `for` em Java que exibe os números de 0 a 99.

Java

```
for (int i = 0; i < 100; i++) {
    System.out.println( i );
}
```

Vemos esse tipo de código o tempo todo. Talvez você esteja se perguntando como poderíamos escrever isso de uma forma imutável. Parece que a essência desse código é a mudança de valor da variável *i*. Uma abordagem comum na PF é usar funções recursivas. Uma função recursiva é uma função que chama a si mesma. No caso do código anterior, podemos inserir o código em uma função e chamá-la no próximo valor de *i*, a cada iteração. Ele seria mais ou menos assim:

Java

```
void f(int i) {
    if (i > 99) {
        return;
    }
    else {
        System.out.println( i)
        return f(i+1)
    }
}

f(0)
```

Esse código está um pouco maior agora, mas ele não altera o estado. Se você conhece um pouco de PF, talvez saiba que o tipo return de `void` é um claro indício de que haverá efeitos colaterais.[1] Um efeito colateral é qualquer coisa que afete o programa fora da função, como escrever em um arquivo, lançar uma exceção ou modificar uma variável global. O exemplo anterior serve apenas para lhe mostrar uma maneira de evitar a alteração do estado. Provavelmente, durante toda sua carreira como programador, você alterou o estado, e isso parece ser indispensável. Mas lembre-se de duas coisas:

- Alterar o estado pode parecer muito natural.
- A alteração do estado é uma das grandes causas de códigos complexos.

A boa notícia é que, com prática, você passará a sentir que o jeito da PF se tornou tão natural quanto.

Consideremos outra técnica para evitar a mudança de estado. Imagine que você tenha um objeto com uma propriedade ou campo mutável. A questão aqui é como modelar essa situação sem alterar uma variável no código. Consideremos um exemplo em Java primeiro.

Java

```
public class Person {
    private final String name;
    private final int age;

    public Person(String name, int age) {
        this.name = name;
        this.age = age;
    }


    public static void main(String[] args)  {
        Person person = new Person("Carl", 32);
        //Um ano se passa
        Person changedPerson = new Person("Carl", 33); ❶
        System.out.println(changedPerson);
    }
}
```

❶ Em vez de alterarmos o valor de age do objeto `Person`, criamos um objeto e inicializamos o novo valor de age no construtor.

[1] Em PF, todas as funções devem retornar um valor. void é um sinal claro de efeitos colaterais.

Vejamos agora um exemplo em Python.

Python

```
class Person:
    def __init__(self,name,age):
        self.name = name
        self.age = age

    def main():
        person = Person("John",22)
        #Um ano depois
        changedPerson = Person("John",23)
```

Um ano se passa e precisamos que o objeto `Person` reflita isso. Mas *não* podemos modificar o valor de age. Então criamos outro objeto imutável com a variável age inicializando em 23.

Vejamos agora um exemplo em Scala.

Scala

```
case class Person(name: String, age: Int) ❶
val person = Person("Katherine", 25)      ❷
val changedPerson = person.copy(age=26)   ❸
```

❶ Declare uma classe `case`.

❷ Crie uma instância da classe.

❸ Essa linha cria uma instância de `Person` e inicializa age em 26. Nenhum estado foi alterado.

A imutabilidade é um dos aspectos mais importantes da PF. A existência de vários estados mutáveis em um programa é uma fonte de diversos bugs. Não é fácil acompanhar a alteração de todos os valores. Vimos nestas páginas alguns exemplos de como contornar a aparente necessidade de alterar o estado. É preciso se acostumar, mas, com um pouco de prática, o uso dessas técnicas pode até começar a parecer natural.

Transparência Referencial

O próximo componente crucial da PF é a transparência referencial. Dizemos que uma expressão é referencialmente transparente se pudermos substituí-la por seu valor em qualquer parte do código.

Você pode pensar, ao ouvir isso pela primeira vez, que sempre poderá fazer isso. Vamos considerar um exemplo simples de uma função não referencialmente transparente.

Java

```
today()
```

Se chamarmos essa função e obtivermos, por exemplo, *29 de maio de 2021*, e substituirmos seu corpo por este valor e, então, a chamarmos no dia seguinte, teremos a resposta errada. Assim, a função **today** não é referencialmente transparente.

Estes são mais alguns exemplos de transparência não referencial:

- Uma função que retorna um número aleatório. Obviamente, não podemos substituir o corpo da função por um valor que obteremos quando a chamarmos uma vez.
- Uma função que lança uma exceção. Em geral, as exceções são evitadas na PF. Vamos voltar a falar sobre isso mais tarde.

Aparentemente, se eliminarmos todas as funções transparentes não referenciais (e é justamente esse o nosso objetivo), abriremos mão de alguns recursos valiosos. Teremos muitas coisas úteis que precisamos expressar, mas que não conseguiremos. Fique tranquilo. Existem formas funcionais de expressá-las.

Um conceito relacionado que você verá em textos sobre programação funcional é a pureza. Sinto dizer que existe certa confusão na literatura sobre a relação entre a pureza e a transparência referencial, e nem todos concordam com os significados desses termos. Em termos gerais, uma função pode ser classificada como pura se não tiver efeitos colaterais e se sempre apresentar o mesmo resultado para a entrada de determinado dado. Basicamente, isso significa que, se inserirmos o mesmo dado, teremos o mesmo resultado. Se o dado de entrada for x e o resultado for y, independentemente de quantas vezes chamarmos essa função com x como o parâmetro de entrada, a função retornará y. Um efeito colateral é qualquer coisa que aconteça fora do contexto da função. Escrever em um arquivo e lançar uma exceção são dois exemplos de efeitos colaterais. Esqueça por agora que precisamos escrever em arquivos (ao passo que não necessariamente precisamos lançar exceções) e pense em quão bom seria se, sempre que chamássemos uma função com os mesmos parâmetros de entrada, obtivéssemos o mesmo resultado e que nada fora da função mudasse. *Isso* é uma das coisas que podemos obter por meio da programação funcional.

Na programação funcional, procuramos usar apenas funções puras, ou seja, funções que não têm efeitos colaterais e que têm a característica de apresentar o mesmo resultado se lhes fornecermos o mesmo dado de entrada.

Como pessoas diferentes têm pontos de vista diferentes sobre isso, e como as diferenças entre a transparência referencial e a pureza são sutis, tratarei esses dois termos como sinônimos.

Bem, eu disse que não é necessário ser um matemático para escrever programas funcionais, e isso é verdade. No entanto, a programação funcional vem da matemática. Na verdade, ela se origina de dois campos: o cálculo lambda e a teoria das categorias. A teoria das categorias tem muito a ver com as funções. Na matemática, as funções são puras. Quando um programador vê uma expressão como x = x + 1, ele diz: "Ah, o incremento de variáveis." Quando um matemático vê x = x + 1, ele diz: "Não é não."[2]

Como seria uma função impura afinal?

Scala

```
object Main extends App {
 def impureFunction(x: Int): Int = {
 import scala.util.Random
 return Random.nextInt(100) + x
 }
 println(impureFunction(5))
 println(impureFunction(8))
}
```

Muito provavelmente, essas duas chamadas de função apresentarão resultados de valores diferentes para o mesmo valor de entrada. Essa função não é pura. Dissemos que as funções matemáticas são puras. Bem, a programação se beneficiou bastante dessa abordagem matemática. Os programas funcionais são limpos, puros e elegantes. De início, talvez seja necessário se acostumar com o estilo funcional de programação, mas, ao passo que abordamos as ideias básicas da programação funcional deste livro, você gradualmente passará a pensar como um programador funcional. Suas funções serão puras e seu código será limpo.

[2] Isso era para ser uma piada, mas vivenciei essas reações em primeira mão.

> Entretanto, o maior benefício de se escrever programas funcionais é que sua confiança de que seus programas estarão certos aumentará.

Permita-me incluir um ponto importante aqui. No fim das contas, não é possível apresentar uma definição negativa de PF. Não podemos dizer que ela é o mesmo que a programação normal, com a exceção de que eliminamos isto, aquilo e aquilo outro. A parte difícil, a parte realizada pelos diversos criadores da PF, é como expressar tudo de que precisamos de forma funcional.

Funções de Alta Ordem

A programação funcional tem tudo a ver com funções. O que queremos, em uma linguagem de programação funcional, é a habilidade de tratar as funções como cidadãos de primeira classe. Isso significa que devemos poder usá-las como parâmetros de uma função e fazer com que as funções as apresentem como valores de retorno. Analisemos por que as funções de alta ordem são uma parte importante da programação funcional. Um dos objetivos principais da programação funcional é chegar ao âmago da questão. Isso quer dizer que precisamos poder expressar conceitos de forma concisa em nossa linguagem. Por exemplo, se quisermos obter o quadrado de todos os números inteiros de uma lista, não deveríamos precisar fazer um loop pela lista e modificar cada número, elevando-os ao quadrado. Simplesmente devemos poder aplicar uma função de elevação ao quadrado diretamente a cada elemento da lista ao mesmo tempo, por assim dizer. A função `map`, em muitas linguagens, nos permite fazer isso. Ela nos permite trabalhar em um nível mais alto de abstração. Esse nível mais alto corresponde a uma função de alta ordem. Ao prosseguirmos, analisaremos isso como um dos temas principais.

Uma abordagem imperativa:

Python

```
def square(nums):
    squared = []
    for i in nums:
        squared.append(i*i)
    return squared
```

Uma abordagem funcional:

Python

```
def square(nums):
    return map(lambda n: n*n, nums)
```

Como se pode ver no apêndice, `lambda` é uma forma de criar uma função anônima, ou seja, de criar uma função sem nome, *na hora*, por assim dizer. A função `map`, que atua nos membros de uma lista, todos ao mesmo tempo, a aplica a todos os elementos da lista.

Avaliação Preguiçosa (Lazy Evaluation)

Outro componente da programação funcional é a avaliação preguiçosa. Isso simplesmente se refere a uma expressão que só é avaliada quando necessário. Estritamente falando, isso não é necessário para que uma linguagem seja considerada funcional, mas, em geral, as linguagens que, por natureza, são *mais funcionais*, tendem a ser preguiçosas. A Haskell, por exemplo, é preguiçosa por padrão e pode ser considerada o arquétipo da linguagem FP arquetípica. Ela foi projetada por um comitê de acadêmicos e não faz concessões quando se trata de princípios funcionais. Porém, as linguagens mais populares não são preguiçosas e usam o que chamamos de avaliação ansiosa. Isso quer dizer que dada expressão será avaliada na primeira vez (e em todas as vezes) que for encontrada. Como é possível ver no exemplo mais à frente, a avaliação preguiçosa tem duas vantagens:

Imagine que você queira definir sua própria declaração `if`. Vamos chamar a função de `myIf`. Talvez queira incluir uma linha de registro a cada declaração `if`, por exemplo. Se tentar o código a seguir, terá um problema.

Scala

```
def myIf(condition: Boolean, thenAction: Unit, elseAction: Unit): Unit =
    if (condition)
        thenAction
    else elseAction
```

Consegue ver o problema dessa definição? Com a avaliação ansiosa, que a maioria das linguagens comuns tem, quando a função é chamada, a primeira coisa que acontece é que todos os parâmetros são avaliados. Então, no caso de `myIf`, tanto `thenAction` como `elseAction` serão avaliadas quando quiser que apenas um dos parâmetros seja avaliado, dependendo da variável de condição.

Porém, com a avaliação preguiçosa, isso funcionaria. Nesse caso, e em outros como esse, ela lhe permitiria escrever suas próprias declarações de controle.

> Com a avaliação ansiosa, os parâmetros das funções são avaliados assim que ela é chamada. Com a avaliação preguiçosa, eles só são avaliados quando isso for necessário.

Outra vantagem é o aumento do desempenho em certas situações. Como o código preguiçoso é avaliado apenas quando necessário, ele costuma ser avaliado com menos frequência do que em um caso de avaliação ansiosa. Isso pode agilizar o programa.

Em Scala, podemos usar parâmetros que são chamados por nome. No código a seguir, `thenAction` e `elseAction` são avaliados apenas quando necessário. Ou seja, eles são avaliados preguiçosamente. O código a seguir funcionará como esperado.

Scala

```
def myIf(condition: Boolean, thenAction: => Unit, elseAction: => Unit): Unit =
      if (condition)
          thenAction
      else elseAction
```

Com a avaliação preguiçosa, podemos criar nossas próprias versões de operadores similares a `if` ou `while`.

Em resumo:

- A avaliação preguiçosa nos permite criar estruturas de controle de fluxo diretamente em nosso código, em vez de precisar haver operadores embutidos na linguagem.
- Ela pode aumentar o desempenho.

Pensando como um Programador Funcional

Neste livro, nos concentraremos em como pensar como um programador funcional. Embora haja uma grande variedade de abordagens à PF, alguns conceitos são universais entre essas abordagens. Os programadores funcionais não alteram o estado, por exemplo. Ou seja, uma vez que uma variável é estabelecida, ela nunca muda. Além disso, os programadores funcionais tendem a usar muitas funções de alta ordem. Essas são funções que usam outras funções como parâmetros e/ou que apresentam uma função como valor de retorno.

Descobrir como um programador funcional realmente pensa envolve conhecer vários códigos idiomáticos ou padrões que promovem o código funcional.

É muito fácil para mim dizer a você para não alterar suas variáveis, mas, a menos que saiba exatamente como fazer isso, implementar a imutabilidade poderá não fazer sentido. Em outras palavras, os padrões são uma parte importante da programação funcional.

Talvez você já tenha ouvido falar que os programadores funcionais não se importam tanto com padrões quanto os programadores orientados a objetos. Isso é um erro. A *verdade* é que o termo *padrão*, no contexto da PF, se refere a uma coisa diferente dos padrões da Gangue dos Quatro.[3] Os padrões da Gangue dos Quatro (por exemplo, protótipo, proxy e flyweight) foram desenvolvidos no contexto da POO. Eles podem ser amplamente implementados em um estilo funcional e são úteis no design de programas, mas não há nada de particularmente funcional nesse tipo de padrão. Pode-se dizer que eles são funcional-neutro. Embora os padrões da Gangue dos Quatro sejam neutros em termos funcionais, há outra categoria de padrões de software que é explicitamente funcional. Esses padrões, como os padrões functor e monad, derivam de ideias da teoria das categorias. Veremos esses padrões com mais detalhes no Capítulo 3.

Os Benefícios da Programação Funcional

Os benefícios da programação funcional estão começando a ficar claros. Ela nos ajuda em nossa missão de obter um código livre de bugs ou o tão próximo disso quanto possível. E como ela faz isso? Reformando nosso cérebro, por assim dizer, para que deixemos de enxergar o mundo como um conjunto de objetos, cada um com seu estado mutável e processos que o transformam em um redemoinho de complexidade que dificilmente conseguimos entender. Não temos mais dúvidas. O estado é o culpado.

Quando o estado muda, precisamos acompanhar essa mudança, o que significa que há mais complexidade para gerenciar e mais bugs. Esse é o problema que a PF resolve.

[3] Você pode ler mais sobre a Gangue dos Quatro em *Design Patterns* (*https://oreil.ly/kH7VD*), por Erich Gamma *et al.* (Addison-Wesley).

Os seres humanos podem lidar com uma certa complexidade antes de começar a escrever um código que não está totalmente correto. "Mas espere", você diz, "o mundo é feito de objetos. E esses objetos têm estado, e esse estado muda com o passar do tempo! Então estamos certos ao modelar o mundo dessa maneira. É exatamente assim que o mundo é!" Mas isso não quer dizer que não podemos começar a enxergar o mundo em termos mais funcionais e modelá-lo dessa forma. Por enquanto, o importante é entender que escrever programas sem bugs não é algo que realmente sabemos como fazer. Eu conheci um professor de ciência da computação que introduziu sua aula de programação com a seguinte frase: "A raça humana ainda não sabe programar."

Um tanto dramático talvez, mas isso é verdade. Os projetos costumam vir acima do orçamento e levam muito mais tempo do que o previsto. O motivo disso é a complexidade. A programação é a arte, a ciência e a engenharia de administrar a complexidade. A programação funcional traz com ela ferramentas que podemos usar para tentar restringir e controlar essa complexidade. Ferramentas como a imutabilidade, a transparência referencial e as funções de alta ordem, para mencionar apenas algumas. Domine essas ferramentas, e seu código se tornará melhor e terá menos bugs.

A PF Pode Aumentar a Produtividade

Quer dizer que a programação funcional é um paradigma da programação? Que outros paradigmas existem?

Supostamente,[4] o mais popular é algo chamado de programação orientada a objetos (POO). Por exemplo, se você já programou em Java, C#, C++ ou Python, provavelmente já está familiarizado com esse estilo de programação. Nesse caso, o mundo é modelado como uma coleção de objetos, cada um com seu próprio estado e comportamento. A POO tem muitos benefícios, incluindo abstração, encapsulamento e herança. Mas, mesmo com esses benefícios, o código geralmente sofre com orçamentos estourados e horas extras. Antes de a PF e a POO terem se tornado populares, tínhamos a programação imperativa. Na superfície, a programação imperativa se parece um pouco com a programação funcional. As funções são o principal e não existem objetos ou classes. No entanto, olhando mais de perto, vemos que o estado é mutável, as funções não são referencialmente transparentes e as linguagens imperativas não necessariamente

[4] Embora existam mais códigos de POO hoje em dia, vemos claramente uma transição em direção à PF entre muitos desenvolvedores. Resta ver qual será o resultado disso. Talvez uma abordagem híbrida que mescle ambas as abordagens se torne a norma. Ou talvez a PF simplesmente continue se tornando mais popular.

têm funções de alta ordem. O C e o Pascal são dois exemplos de linguagens de programação imperativa.

Talvez você diga que os melhores programadores escreverão os melhores códigos independentemente do paradigma que usem, e isso provavelmente é verdade. Mas a questão é: se tivermos dois desenvolvedores com habilidades semelhantes, um trabalhando com a abordagem orientada a objetos e outro trabalhando com a abordagem funcional, quem será mais produtivo? Acho que a clareza, o poder e o nível mais elevado de abstração possibilitarão que o programador funcional escreva um código mais correto e mais rápido.[5]

A PF É Divertida!

Mas existe outro motivo para escolhermos a programação funcional. E esse talvez seja o motivo mais importante até então.

A programação funcional é divertida. E é assim por bons motivos.

A programação funcional nos permite chegar ao âmago da questão. Ela nos permite ir direto ao assunto e passar mais tempo escrevendo códigos relacionados com o assunto sendo tratado. E ela tem um nível suficientemente alto de abstração que nos dá a sensação de estarmos manipulando conceitos importantes e relevantes, em vez de lidarmos penosamente com detalhes de baixo nível, o que se parece mais com o que uma máquina faz.

A história das linguagens de programação, de determinado ponto de vista, é basicamente uma história de um nível de abstração cada vez maior. Quanto maior o nível, mais fácil é evitar manipular o aglomerado de detalhes. A PF nos mostra que a abstração não precisa ser difícil. Sim, existe uma curva de aprendizagem, mas podemos reduzi-la se mudarmos aos poucos. Se você já programa em Java, JavaScript ou Python, por exemplo, poderá gradualmente incluir códigos idiomáticos, estruturas e práticas que farão seu código se tornar mais funcional e, antes que se aperceba, começará a recorrer a códigos idiomáticos funcionais devido ao seu poder e a tendência à simplificação que eles oferecem. Se ler este livro com cuidado, estudar os exemplos fornecidos e começar a incorporar algumas ideias funcionais ao seu código, logo estará colhendo seus muitos benefícios.

[5] Para deixar claro, é minha opinião.

Talvez você até decida analisar algumas linguagens de programação que dão mais suporte ao paradigma funcional, tais como Scala, Clojure, F# e Haskell, para citar apenas algumas.

Scala

Uma observação sobre os exemplos deste livro. Darei exemplos em várias linguagens. Farei isso para demonstrar como diferentes linguagens implementam ideias funcionais. Porém, embora seja possível escrever códigos funcionais em várias linguagens até certo ponto, dependendo da linguagem, isso é mais fácil de se fazer em algumas do que em outras, o que as torna mais poderosas. Uma dessas linguagens é a Scala.

Gostaria de dizer duas coisas sobre a Scala.

- A Scala é uma linguagem bastante concisa.
- Ela contribui para escrevermos códigos funcionais.

Assim, embora sejam incluídos exemplos em Java, Python e C#, a maioria deles será em Scala. Para uma breve introdução sobre a Scala, veja o apêndice. A Scala é uma boa opção, em especial para descrever a teoria das categorias. Acredito que uma linguagem como a Scala nos permite criar construtos funcionais mais concisos, e em diversos casos poderei explicar melhor o que quero dizer ao mostrar como fazer isso nela. Existem outras linguagens que eu poderia ter usado para esse fim, outras linguagens que são funcionais em determinado ponto, como a Haskell (que é incrivelmente funcional), a Clojure ou a Meta Language (ML). Simplesmente achei que a clareza da Scala e a facilidade com que podemos escrever códigos funcionais fizeram dela uma boa escolha para muitos dos exemplos deste livro.

Se você estiver usando Java, for interessado em programação funcional e tiver a oportunidade, talvez deseje tentar usar a Scala. Creio que, em especial para projetos iniciados do zero, talvez a ache útil, produtiva e divertida.

Eu mencionei que este livro terá exemplos em Scala, Java, Python e C#. Entretanto, ao nos aprofundarmos nos conceitos de funções, será mais útil mostrar exemplos em Scala, em especial quando aprendermos sobre os conceitos abstratos da programação funcional.

Existem diferentes níveis de programação funcional. Algumas linguagens são parcialmente funcionais, e outras são totalmente ou *puramente* funcionais, como costumamos dizer.

A Tabela 1-1 apresenta uma comparação das linguagens que você verá nos exemplos ao longo deste livro. Embora não tenha apresentado exemplos em Haskell, eu a incluí porque ela é um exemplo de uma linguagem de programação puramente funcional e um bom modelo de comparação.

Tabela 1-1. Suporte para programação funcional e orientada a objetos em várias linguagens

	Scala	Java	Python	C#	Haskell[a]
Suporta Funcional	SIM	PARCIALMENTE	PARCIALMENTE	PARCIALMENTE	SIM
Suporta Puramente Funcional	NÃO	NÃO	NÃO	NÃO	SIM
Suporta POO	SIM	SIM	SIM	SIM	PARCIALMENTE

[a] A Haskell foi criada para ser uma linguagem puramente funcional. Por exemplo, ao atribuirmos o valor de uma variável, não poderemos mudá-lo. Ela tem diversos outros atributos funcionais, sendo que muitos deles se originam da teoria das categorias. Falaremos sobre a teoria das categorias no Capítulo 3.

Conclusão

Neste capítulo, analisamos amplamente os principais atributos que compõem uma linguagem de programação funcional. À medida que o livro avançar, nos aprofundaremos nesses atributos e veremos como os padrões fundamentais da programação funcional são refletidos neles.

CAPÍTULO 2

Preliminares Matemáticas

Este capítulo apresenta algumas lições que você precisa aprender (e talvez já tenha aprendido em algum ponto no passado). Ele abrangerá principalmente os fatos básicos sobre funções, tanto do ponto de vista matemático como da ciência da computação. Sinta-se à vontade para pular este capítulo e passar para o Capítulo 3 se não precisar dessa reciclagem matemática.

Teoria dos Conjuntos

A teoria dos conjuntos é um campo enorme. No entanto, precisamos de apenas algumas poucas definições básicas dela. Você talvez imagine que a teoria dos conjuntos define o que é um *conjunto*. Na verdade, *conjunto* é considerado como um termo indefinido nessa teoria e, informalmente, pensamos nele como uma coleção de objetos. Podemos falar sobre um conjunto de números pares, o conjunto que consiste em 0, 1 e 2, o conjunto que contém minha mãe e meu pai; qualquer coisa que encaramos como uma coleção é um conjunto.[1] Em geral, os conjuntos são indicados por letras maiúsculas, como A, B, C etc. Os itens *dentro* de um conjunto são chamados de *elementos*. Se todos os elementos de A também são elementos de B, dizemos que A é um subconjunto de B ou que A está contido em B, como podemos ver na Figura 2-1.

[1] Teóricos de conjuntos fazem uma distinção entre um conjunto e uma classe, mas não abordaremos essa distinção neste livro.

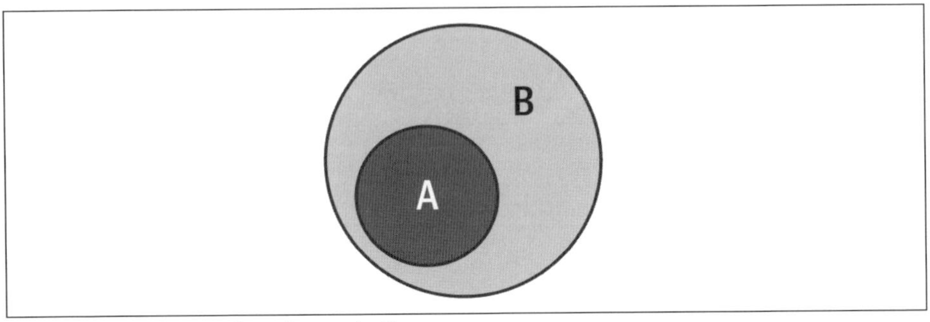

Figura 2-1. A é um subconjunto de B

A intersecção de dois conjuntos é o conjunto que contém todos os elementos de A e B, como podemos ver na Figura 2-2.

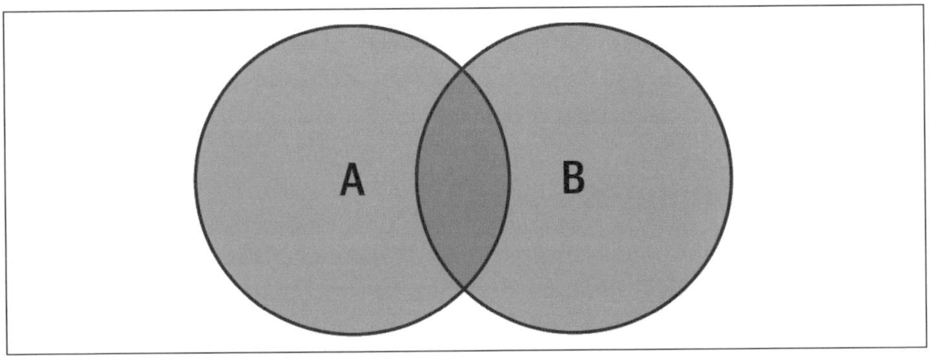

Figura 2-2. A intersecção de A e B

A união de A e B é o conjunto que consiste em todos os elementos que estão em A ou B. Veja a Figura 2-3.

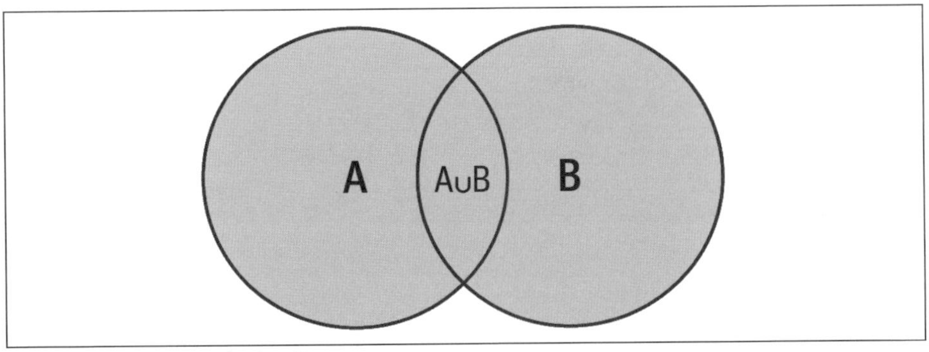

Figura 2-3. A união de A e B

Funções

Em termos simples, uma função é uma regra que associa todos os elementos de um conjunto com algum elemento de outro conjunto. A ideia aqui é a de que temos um punhado de coisas e associamos cada uma delas com algo em um segundo punhado de coisas. Um exemplo simples da matemática é a função quadrática definida para todos os números inteiros. Essa função eleva todos os números inteiros ao quadrado: 1 se torna 1; 2 se torna 4; 3 se torna 9, etc. Além disso, -1 se torna 1; -2 se torna 4, e assim por diante. Assim, podemos perceber que uma função pode transformar dois valores diferentes no mesmo valor. O contrário não é verdade. Um elemento não pode ser mapeado em dois elementos diferentes. As coisas sobre as quais as funções são definidas são os conjuntos.

Domínio e intervalo

Uma função é definida como um punhado de elementos. O termo mais matemático para isso é um conjunto de elementos. O conjunto de todos os elementos para o qual a função é definida é chamada de **domínio** da função. Um ponto importante aqui é que, se tivermos uma fórmula que define uma função — a função quadrática, por exemplo —, podemos definir todos os números inteiros positivos ou todos os números inteiros, positivos e negativos, como domínio. Eles seriam considerados como duas funções diferentes, mesmo que ambos fossem definidos por uma função quadrática. Portanto, sempre que definirmos uma função, devemos especificar o domínio.

O intervalo de uma função é o conjunto de todos os elementos mapeados por algum elemento do domínio. No exemplo da função quadrática com um domínio igual a todos os números inteiros, o intervalo poderia ser todos os números inteiros quadrados de algum número inteiro. Nesse caso, o intervalo é todos os números inteiros positivos, visto que o quadrado de um número inteiro sempre será 0 ou um número inteiro positivo.

Assim, toda função tem um domínio e um intervalo. Especificamos o domínio e, então, o intervalo será determinado por aquilo que a função fizer com os elementos desse domínio. Às vezes, veremos o seguinte:

```
f: A -> B
```

e o autor dirá algo como: "Seja *f* uma função de A em B." O autor poderia dizer com todas as letras: "*f* é uma função com o domínio A e intervalo B." Nesse caso, obviamente, sabemos que o intervalo é B. Às vezes, porém, o autor dirá: "Seja *f* uma função de A em B." Nesse caso, o intervalo pode ser um *subconjunto* de B. Em outras palavras, todo elemento de A é mapeado em um elemento de B, mas *nem todo* elemento de B é "afetado" por um elemento de A. Nesse caso, A é o domínio, e B *contém* o intervalo. Nesse caso, B é chamado de *contradomínio*.

Assim, quando vemos

```
f: A -> B
```

sabemos que o intervalo é um subconjunto (talvez todo o conteúdo) de B, como podemos ver na Figura 2-4.

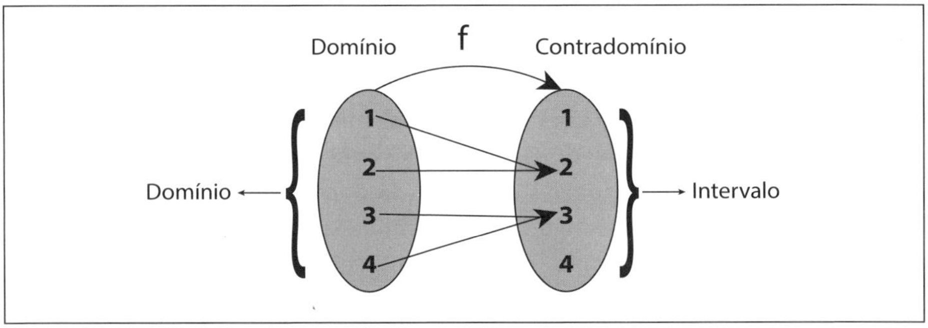

Figura 2-4. O domínio e o intervalo de uma função

O Exemplo 2-1 ilustra domínio e intervalo.

Exemplo 2-1. Domínio e intervalo de uma função

Suponhamos que *f* é uma função de valor absoluto com um domínio igual a todos os números inteiros. Então, escolhemos um número como -3 e o mapeamos no seu valor absoluto: 3. E digamos que isso seja escrito da seguinte forma:

```
abs: Z -> Z
```

Aqui, Z é o conjunto de números inteiros. (Isso se origina da palavra alemã para número inteiro: Zahlen.) O ponto aqui é que, embora o valor absoluto de qualquer número inteiro seja 0 ou um número positivo, nem todo número inteiro é o valor absoluto de outro número. Por exemplo, nenhum número inteiro tem o valor absoluto de -3. Assim, o domínio dessa função é Z, enquanto todos os números inteiros e o contradomínio dela também são Z. O *intervalo*, por outro lado, é N, os números naturais. Os números naturais são todos os números inteiros positivos, incluindo o 0.

Certifique-se de diferenciar o intervalo e o contradomínio de uma função.

Tipos de Funções

Como indicado anteriormente, embora dois elementos diferentes do domínio possam ser mapeados no mesmo elemento do intervalo, o contrário não é verdade. Um elemento do domínio não pode ser mapeado em dois elementos diferentes do intervalo. Isso porque, se alguém lhe perguntar a que x está mapeado, você precisa ser capaz de oferecer uma única resposta correta para que um elemento do domínio seja mapeado para um e somente um elemento no intervalo. Mas e quando dois elementos diferentes do domínio são mapeados no mesmo elemento do intervalo? Isso pode acontecer. Se tivermos uma função em que isso *não* acontece, temos um nome para ela, que será discutido na próxima seção.

Função injetora

Uma função injetora é uma função na qual dois elementos no domínio são mapeados no mesmo elemento no intervalo.

Considere a função

```
f: Z -> Z
```

definida por

```
f(n) = 2 * n
```

Esta função pega um número inteiro e retorna esse número multiplicado por 2. Digo que essa *f* é injetora. Como demonstrar isso? A ideia é a de que supomos que *a* e *b* são mapeados em *c*, então mostramos que *a* é exatamente igual a *b*. Isso provará que dois elementos diferentes não podem ser mapeados no mesmo elemento.

Suponha que:

```
f(a) = f(b)
```

Isso significa que:

```
2 * a = 2 * b
```

Agora dividimos os dois lados por 2 e obtemos:

```
a = b
```

Isso prova que *f* é injetora. Em seguida, vamos ver uma função que não é injetora. Para a próxima equação, o domínio é todo de números inteiros.

```
f(n) = n * n
```

Tudo o que precisamos fazer é mostrar que dois números inteiros diferentes são mapeados no mesmo número. Isso é fácil. 3 e -3. Se elevarmos esses números ao quadrado, obteremos 9 para ambos. Portanto, *f* **não** é injetora. (Evidentemente, trata-se de uma função perfeita; só não é injetiva.)

Função sobrejetora

Uma função é *sobrejetora* se seu contradomínio é igual ao intervalo. Outra forma de colocar isso seria da seguinte maneira: se *f* é uma função de *A* em *B* e se para cada elemento *b* em B houver um elemento *a* em *A* com *f(a) = b*, então *f* é *sobrejetora.*

Suponhamos que *f* é uma função de *N* em *N* com *f(m) = m × m.*

Se ela for sobrejetora, então, para cada *n* em *N*, haverá um *m* em *N* com *m × m = n.* Isso seria o mesmo que dizer que cada número natural é um quadrado perfeito. Isso não é verdade. Por exemplo, 5 é um número natural. Que número natural tem 5 como seu quadrado? Nenhum. Então f *não* é sobrejetora.

Consideremos outra função agora. Suponhamos que *f* é uma função de *N* em *N* definida por *f(n)* = |*n*|, o valor absoluto de *n*. Se pegarmos qualquer número natural, podemos encontrar outro número natural cujo valor absoluto é igual ao número natural em questão? Bem, que tal 3? Então *f*(3) = |3| = 3. Isso funciona. De fato, como cada número natural não é negativo, ele é *igual* a seu próprio valor absoluto. Então essa função *é* sobrejetora.

Ciência da Computação Básica

Nesta seção, abordaremos alguns conceitos, em grande parte não relacionados, que são relevantes para a programação em geral.

Funções Anônimas

A maneira mais comum de definir uma função em uma linguagem de programação é usar uma palavra-chave, (como *def*, *function*, *sub* ou algo parecido, e então atribuir um nome à função e escrever o corpo dela. Então podemos chamar essa função usando o nome dela. Em Scala, podemos definir uma função que eleva um número inteiro ao quadrado como segue:

```
def square(n: Int): Int = n * n
```

Então podemos chamá-la como no exemplo a seguir:

```
println(square(3)) //exibe o número 9 no console.
```

Essa abordagem nos permite definir uma função uma vez e usá-la quantas vezes forem necessárias. Entretanto, pode haver ocasiões em que precisamos chamar uma função apenas uma vez, e muitas linguagens de programação facilitam isso. Em geral, elas são chamadas de funções anônimas. Veja como escrever uma função quadrática como uma função anônima em Scala:

```
(n: Int) => n * n
```

Como podemos usá-la? Suponha que queiramos definir uma função *f* que usa outra função como argumento e a aplica a 3. Com toda certeza, isso é um pouco estranho, mas ilustra bem o ponto. Em Scala, poderíamos fazer isto:

```
def f(g: Int => Int): Int = g(3)
```

Então chamaríamos *f* na função quadrática assim:

```
f((n: Int) => n*n)
```

Podemos fazer isso sem definir a função quadrática.

Por motivos históricos, às vezes as funções anônimas são chamadas de funções *lambda*.[2] Algumas linguagens, em especial o Python, usam `lambda` como palavra-chave ao montar funções anônimas. Veja como elevar ao quadrado em Python.

```
def square(n):
    return n * n
```

E aqui está outra função anônima: `lambda n: n * n`

[2] Isso se refere ao cálculo lambda, supostamente a primeira linguagem de programação.

Funções como Objetos de Primeira Classe

As linguagens funcionais de programação facilitam o tratamento de funções como objetos de primeira classe. Isso significa que tudo aquilo que podemos fazer com outros objetos ou variáveis podemos fazer também com as funções. Por exemplo, se *f* é um objeto de primeira classe, podemos passá-la como um parâmetro a outra função e apresentá-la como um valor de retorno. Veja alguns exemplos em Scala:

```
def call(n: Int, f: Int=>Int): Int  = f(n)
```

A função de chamada pega um `Int` e uma função de um `Int` para um `Int` e aplica a função para o `Int`.

```
def addN(n: Int): Int => Int = (m: Int) => m+n

val f = addN(3)

println(f(5)) //retorna 8 s
```

A função `addN` pega um número inteiro `n` e retorna uma função que pega um número inteiro `m` e o soma com `n`.

Conclusão

Espero que agora você tenha uma boa noção das propriedades básicas das funções.[3] No próximo capítulo, entraremos na teoria das categorias e nos padrões, e então você verá como os assuntos que vimos até aqui são usados.

[3] Mas consulte o apêndice para um tratamento mais abrangente das funções no contexto da Scala.

CAPÍTULO 3

Teoria das Categorias e Padrões

Neste capítulo, farei uma introdução aos padrões de software e descreverei como eles agem na programação funcional. Também farei uma introdução à teoria das categorias e explicarei como ela pode ser útil como uma fonte de padrões de software funcional e por que ela é a base de onde a programação funcional se origina.

Um padrão de software é uma solução reutilizável para um problema que costuma ocorrer em dado contexto do design de software. Termos padrões de software significa que não precisamos começar do zero toda vez que programarmos. Um padrão de software é como um modelo que resolve determinado problema. Quanto mais desses modelos conhecermos, maior será a probabilidade de que nos lembremos de algum deles quando estivermos resolvendo um problema específico. Quando esses padrões se tornarem algo natural e você não precisar mais procurá-los, você se tornará um desenvolvedor mais proficiente.

> Um padrão não passa de uma ferramenta para nos ajudar a escrever nossos códigos. A maioria dos problemas que tentamos resolver na criação de software já foi resolvida de uma maneira boa e eficiente. Um padrão descreve uma dessas soluções.

Os padrões foram popularizados por meio do livro de padrões de software da *Gangue dos Quatro*. Esse livro colocou os padrões em evidência, e eles se tornaram amplamente usados pelos programadores desde então. Hoje em dia, se você perguntar algo sobre padrões a programadores funcionais, eles talvez digam que os padrões não são particularmente relevantes na programação funcional. Quando dizem isso, eles provavelmente estão se referindo aos padrões tradicionais da Gangue dos Quatro. Mas existe outro conjunto de estruturas amplamente usado por programadores funcionais que eles simplesmente não encaram como padrões. Essas estruturas vêm de um ramo da matemática chamado de teoria das categorias. Prefiro chamá-las de *padrões funcionais*, e é isso o que analisaremos a seguir.

> Vamos chamar os padrões que se originam da teoria das categorias de padrões funcionais para diferenciá-los dos padrões que se originam do livro da Gangue dos Quatro.

Consideremos um exemplo. Ele tem a ver com a palavra-chave `null`. É de conhecimento geral que alguns problemas estão associados à palavra-chave `null`, e um dos maiores problemas é a `NullPointerException`. Existe um padrão funcional chamado de padrão Option. Suponhamos que você seja um programador de Scala e que esteja escrevendo um programa que inclui `null`. Digamos que você escreveu algo assim:

Scala

```
case class User(name: String)

def getUser(uid: Int): User = {
    return getUserFromDB(uid)
}
```

Agora suponhamos que `getUserFromDB` retorne um `null` se não encontrar um usuário para determinado `uid`. Bem, existe um risco em se chamar o `user.name`. Se `user` for `null`, isso lançará uma `NullPointerException` e seu programa poderá travar, dependendo de se você manipulará a `NullPointerException` ou não. Permitir que seu código lance a `NullPointerExceptions` é arriscado.

> Tenha cuidado com a `NullPointerExceptions` no seu código. A melhor forma de evitá-la é nunca permitir que uma função retorne um `null`. O padrão funcional Option é uma boa maneira de evitar a `NullPointerExceptions`.

Agora digamos que você está familiarizado com o padrão funcional *Option*. Ele é perfeito para problemas que envolvem um valor `null`. A ideia é fazer um objeto representar o caso em que nulls são usados, mas com um tipo. A trait `Option` lida justamente com esse problema. `Option` vem em dois sabores. `Some()`, que encapsula um valor, como `Some(user)`, e `None`, que representa casos em que não há resposta, casos que costumam ser expressos por `null`. Mas `None` tem um tipo, e, por isso, o compilador pode verificar se o código está correto. `NullPointerExceptions` são algo que acontece durante a execução, e não durante o momento de compilação, e usar o padrão Option nos ajuda a evitar essa situação. Vamos reescrever o método `getUser` apresentado com `Option`. O exemplo a seguir mostra como as Options podem ser processadas com a correspondência de padrões.

A classe `Option` vem em dois sabores: `Some` e `None`. `Some` encapsula outro valor, como `Some(user)`, e `None` significa que nenhum valor foi encontrado. Podemos desencapsular uma opção com a correspondência de padrões.

Scala

```
case class User(name: String)
def getUser(uid: Int): Option[User] = {
    getUserFromDB(uid) match {
        case Some(user) => //faz algo com o usuário
        case None => //nenhum usuário foi encontrado
    }
}
```

Esse código pode ser verificado durante a compilação e elimina toda possibilidade de uma `NullPointerException`. `Option` é um padrão de software e é o que eu chamaria de padrão funcional. Para saber mais sobre **Options**, consulte a seção sobre Options no Apêndice: Scala.

Padrões Baseados na Teoria das Categorias

Não é absolutamente essencial que você esteja familiarizado com a teoria das categorias para ser um bom programador funcional. Isso *será* de ajuda, mas se você preferir aprender mais por meio de exemplos de códigos, pode pular a parte sobre a teoria das categorias. Mais adiante neste livro, analisaremos os padrões funcionais mediante exemplos de códigos.

Gosto de pensar nesse padrões como padrões de programação funcional hard-core. Os programadores funcionais que tendem mais para a programação funcional pura usam deliberadamente esses códigos idiomáticos nos seus programas. Além da imutabilidade, da transparência referencial e das funções de alta ordem, esses padrões compõem o conteúdo principal do que faz um código ser funcional.

> Programas funcionais usam construtos de códigos que são imutáveis, obedecem à transparência referencial, usam funções de alta ordem e usam padrões funcionais de forma liberal.

Os padrões Functor, Monoides e Monad são alguns exemplos de padrões baseados na teoria da categoria. Antes de nos aprofundarmos em seus detalhes, porém, gostaria de apresentar uma breve história da teoria das categorias como uma disciplina da matemática. Quem sabe talvez você descubra que gosta da teoria das categorias como uma disciplina em si.

A teoria das categorias é um ramo da matemática que se preocupa inicialmente em encontrar construtos similares em diferentes áreas da matemática. Trata-se de uma teoria unificadora. Mais tarde, ela foi aplicada à PF.

Uma Breve História

Na década de 1940, Saunders Mac Lane e Samuel Eilenberg estavam falando sobre uma palestra que um deles havia feito. Ambos chegaram à mesma conclusão, juntos, de que as matérias em que estavam trabalhando, um em álgebra e o outro em topologia, eram, na verdade, instâncias do mesmo fenômeno. Depois de falarem sobre suas ideias, eles perceberam que haviam descoberto uma nova matéria. Assim nasceu a teoria das categorias! Logo, embora a teoria das categorias seja um ramo matemático distinto da álgebra e da topologia, ela se origina dessas duas matérias. Os conceitos fundamentais da programação funcional vêm da teoria das categorias. Com um entendimento sólido dos conceitos básicos da teoria das categorias, esses conceitos serão mais fáceis de entender e adaptar no contexto da programação funcional. Aprender um pouco de teoria das categorias é como aprender programação funcional a partir de uma perspectiva totalmente diferente. E cada nova perspectiva aprofunda nosso conhecimento.

Aprender um pouco de teoria das categorias pode aprofundar consideravelmente seu entendimento sobre programação funcional. Isso também pode lhe dar ideias sobre novos construtos de programação funcional.

Mac Lane e Eilenberg coescreveram um livro chamado *Categories for the Working Mathematician* [Categorias para o Matemático Operante, em tradução livre], que se tornou uma grande fonte do futuro desenvolvimento da matéria. Então, em 1990, criou-se a Haskell, uma linguagem de programação puramente funcional. Para isso, muitas ideias foram tiradas da teoria das categorias. Alguns desses conceitos adentraram outras linguagens de programação funcional e parcialmente funcional, como Scala, F# e Java, para citar apenas algumas. Outra maneira pela qual capacidades funcionais foram incorporadas na prática da programação foi por meio das bibliotecas de software.

Objetos e Morfismos

A definição básica da teoria das categorias envolve dois conceitos: objetos e morfismos.

Os objetos da teoria das categorias não têm nada a ver com os objetos da programação orientada a objetos. Esses são conceitos que não têm nenhuma relação.

Na teoria das categorias, os *objetos* podem ser qualquer coisa: conjuntos, números, matrizes, só para citar alguns. Além de objetos, uma categoria também precisa de algo chamado de morfismos. Um *morfismo* só pode ser definido no contexto de dois objetos da categoria. Suponhamos que A e B sejam objetos da categoria C. Então, um morfismo é representado por uma flecha de A para B. Escrevemos assim:

$$A \rightarrow B$$

Mas o que exatamente essa flecha significa? Bem, ela conecta o objeto A ao objeto B. Os pontos onde a flecha começa e termina são as informações que definem o morfismo.

Um morfismo do objeto *A* ao objeto *B* é uma flecha de *A* para *B*. Você pode pensar nisso como um par de objetos em uma ordem específica.

As pessoas tendem a pensar nessa flecha como uma função, em parte porque a expressão mencionada se parece com uma e, em muitos casos, porque ela *é* uma função. Existem categorias em que os morfismos não são funções, mas elas são raras, e, para nossos fins, os morfismos sempre serão funções. Assim, pensemos da seguinte forma: os objetos são conjuntos, e os morfismos são funções de um conjunto em outro.

Embora seja teoricamente possível haver morfismos que não sejam funções, para nossos fins, os objetos sempre serão conjuntos, e os morfismos serão funções entre eles.

Se *f* é um morfismo de *A* em *B*, então *A* é chamado de domínio de *f*, e *B* é chamado de contradomínio de *f*. Isso corresponde à linguagem usada para as funções. Consulte a seção sobre funções no apêndice A.

Um Exemplo de Categoria

Comecemos com a categoria de todos os conjuntos. Ou seja, os objetos são todos conjuntos.

Um conjunto é apenas uma coleção de objetos. Os objetos podem ser números, pessoas ou, inclusive, outros conjuntos. Estamos prestes a considerar a categoria cujos objetos são *todos* conjuntos.

Consideremos a categoria chamada Conjunto. Os objetos são todos conjuntos. Quais são os morfismos? Simplesmente todas as funções de *A* em *B*. Cada função de *A* em *B* é um morfismo. Assim, a categoria Conjunto é a categoria cujos objetos são conjuntos e os morfismos são funções de *A* em *B* para todos os pares de conjuntos *A* e *B*. *A* é chamado de domínio do morfismo, e *B* é chamado de contradomínio dele. Para uma revisão, consulte a seção sobre funções no apêndice A.

Aprofundemo-nos na categoria Conjunto. O exemplo a seguir tem dois objetos, *A* e *B*, na categoria Conjunto e dois morfismos com o domínio *A* e o contradomínio *B*.

Suponha que $A = \{1,2,3,4\}$ e $B = \{a,b,c,d,e\}$.

Esses são dois exemplos perfeitos de conjuntos, de forma que são objetos da categoria Conjunto. Agora vamos definir dois morfismos de *A* em *B*.

Morfismo f de A em B:

Para cada x em A, $f(x) = a$. Isso pode ser chamado de morfismo constante. Trata-se apenas da função que passa cada elemento de *A* pelo elemento *a* do conjunto *B*.

Morfismo g de A em B:

$g(1) = a$

$g(2) = b$

$g(3) = c$

$g(4) = d$

As duas funções anteriores de *A* em *B* são dois morfismos da categoria Conjunto. Note que essa é uma categoria bem grande. Ela contém *todos* os conjuntos e *todas* as funções de A em B.

Antes de analisarmos mais exemplos, preciso mencionar mais algumas coisas sobre morfismos. Em primeiro lugar, os morfismos compõem. O que isso significa? Daremos a real definição da composição de dois morfismos mais adiante, mas a ideia geral é a de que, quando compomos dois morfismos, chamamos um morfismo e aplicamos o segundo ao resultado da chamada do primeiro.

Por exemplo, suponhamos que $f: A \rightarrow B$ seja um morfismo e que $g: B \rightarrow C$ seja um morfismo. Assim, como estamos em uma categoria, deve haver um morfismo *h* de *A* em C para satisfazer:

$h(x) = g(f(x))$

> ***g(f(x))*** significa primeiro avaliar ***f(x)*** e então aplicar ***g*** a ela.

Denotamos *h* pela expressão *g* o *f* e dizemos que *f é composta com g*.

Se f é um morfismo de A em B, e g é um morfismo de B em C, então deve haver um morfismo h de A em C, em que para cada x em A, $h(x) = g(f(x))$. Nesse caso, denotamos h com a expressão g o f e dizemos que *f é composta com g.*

Se a composição h não existir, então o que estamos considerando não é uma categoria. Os morfismos devem compor em *cada* categoria.

Existe outra propriedade que os morfismos devem apresentar para ter uma categoria: para cada objeto A na categoria, deve haver um morfismo id_A: $A \rightarrow A$ com a propriedade de que, para cada morfismo f: $A \rightarrow B$ e cada morfismo g: $A \rightarrow B$ na categoria, temos

$$f \circ id_A = f$$

e

$$id_B \circ g = g$$

Esse é apenas o jeito de a teoria das categorias dizer que id_A é a função identidade em A. A função identidade em A é apenas a função que toma todos os elementos de A para si mesma.

A função identidade em um conjunto A é a função que mapeia cada elemento a si mesma. A versão da teoria das categorias disso é aquela em que o morfismo identidade em A, denotado id_A, quando composto com outra função, deixa essa função inalterada.

Os teóricos das categorias tendem a pensar não em termos de pontos, mas de composição de funções. A expressão anterior é como expressamos a função identidade na teoria das categorias em termos de composição. Em vez de dizer que o morfismo identidade pega cada ponto do objeto para si (porque não pensamos em pontos), dizemos que, quando compomos o morfismo identidade com outro morfismo, obtemos o morfismo original de volta.

Grande parte da teoria das categorias se resume a expressar conceitos matemáticos por meio da noção da composição. Onde isso se manifesta na programação funcional? Quando compomos funções.

Vejamos um exemplo. Consideremos a função `length`. Ela recebe uma String e retorna um inteiro que denota o comprimento dessa sequência de caracteres.

`square` é uma função que recebe um inteiro e retorna outro que denota o quadrado do primeiro número. Vamos compor as duas.

Scala

```
(square o length)("abc") == square(length("abc")) == square(3) = 9
```

Nesse exemplo, compusemos `length` com `square` e conseguimos outro morfismo, denotado `square` o `length`.

Vejamos mais alguns exemplos de categorias. Precisaremos de algo chamado semigrupo. Um *semigrupo* tem duas partes principais: um conjunto de elementos (poderia ser um conjunto não vazio) e uma operação binária no conjunto. Uma operação binária, como a multiplicação de números inteiros, recebe duas coisas e retorna uma terceira. Existe uma condição que deve ser observada. A operação binária deve ser associativa. Denotaremos a operação binária por (*).

Associativa quer dizer que, para cada x, y e z, temos: x * (y * z) = (x * y) * z

> Um semigrupo é um conjunto não vazio com uma operação binária associativa dentro dele.

Como exemplo, digamos que o conjunto seja composto inteiramente por números inteiros e que a operação seja de multiplicação. Em primeiro lugar, observe que, quando multiplicamos dois números, obtemos outro número inteiro. Isso é necessário para um semigrupo. Quando combinamos dois elementos em um semigrupo com a operação binária, seria melhor obter algo que já estivesse no semigrupo.[1] Não provaremos isso aqui, mas a multiplicação de números inteiros é associativa. Assim, todos os números inteiros mais a multiplicação formam um semigrupo.

Veja outro exemplo. Considere um conjunto de matrizes de 3 × 3 de números reais. Se você não sabe o que é uma matriz, sinta-se à vontade para pular esse exemplo. A operação será a multiplicação de matrizes. Podemos provar que ela é associativa. Acontece que a multiplicação de matrizes não é comutativa. A*B não é necessariamente igual a B*A. Mas a comutatividade não é um requisito para que algo seja considerado um semigrupo; a associatividade sim.

[1] Por exemplo, números negativos com multiplicação não poderiam formar um semigrupo porque, quando multiplicamos dois números negativos, não obtemos outro número negativo.

Já dei dois exemplos de semigrupos, mas suponhamos que queremos *todos* os semigrupos. Nesse caso, poderíamos estudar a *categoria* dos semigrupos. Quais são os morfismos? Isso é um pouco mais complexo. Talvez gostaríamos de dizer que os morfismos são funções de um semigrupo em outro semigrupo, mas isso não seria suficiente. A teoria das categorias tem a ver com estruturas e encontrar estruturas similares em objetos aparentemente diferentes. Assim, que tipo de estrutura um semigrupo tem? A estrutura é determinada pela operação da multiplicação.

> Em um semigrupo, costumamos chamar a operação binária de multiplicação, inclusive quando não se trata necessariamente da multiplicação normal de números.

Assim, nesse caso, a noção de morfismo deve, de alguma forma, capturar a estrutura multiplicativa do semigrupo. No exemplo a seguir, mostrarei como isso funciona.

Suponha que S_1 e S_2 sejam dois objetos na categoria Semigrupo.

Uma função h de S_1 em S_2 será um morfismo se, para todo x e y em S_1, tivermos:

$$h(x * y) = h(x) * h(y)$$

Basicamente, o que isso quer dizer é que os dois semigrupos têm estruturas multiplicativas similares. Se dissermos que queremos saber onde h mapeia $x*y$, basta vermos onde h mapeia x e onde h mapeia y e multiplicá-los em S_2. Podemos pensar no morfismo como algo que renomeia o objeto que ele mapeia. Nesse caso, x em S_1 corresponde a $h(x)$ em S_2. E y em S_1 corresponde a $h(y)$ em S_2. Se h é um morfismo, isso significa que $x*y$ corresponde a $h(x) * h(y)$. É como um universo alternativo em que cada entidade do universo original tem um parceiro correspondente no universo alternativo.

O que tudo isso tem a ver com a programação funcional? Isso será explicado na próxima seção.

A Categoria Scal

No fim das contas, embora grande parte da teoria da programação funcional se origine da teoria das categorias, em geral por meio da linguagem de programação Haskell, estamos interessados em uma categoria específica.

Primeiro, escolha uma linguagem de programação. Em teoria, pode ser qualquer linguagem de programação com tipos. Vamos escolher a Scala, porque ela é especialmente adequada para construções funcionais e porque grande parte do código dela é suficientemente claro a ponto de se parecer quase com um pseudocódigo. Eu chamo essa categoria de *Scal* por causa da bem estabelecida categoria Hask, associada à linguagem Haskell.

Os objetos da categoria Scal são os conjuntos de todos os tipos da Scala. Não apenas os tipos simples, como `String`, `Int` e `Boolean`, mas também `List[String]`, `Map[Int,Double]` e quaisquer outros tipos que podemos elaborar a partir dos básicos. Também poderíamos incluir tipos definidos pelo usuário, como `User`, `Account` etc. Permita-me dizer aqui que, teoricamente, poderíamos analisar a categoria de qualquer linguagem de programação com tipos. Estamos trabalhando com a categoria Scal, mas, se quiséssemos, poderíamos trabalhar com uma categoria baseada em Java, por exemplo. Nesse caso, os objetos seriam tipos na linguagem Java.

> Os objetos da categoria Scal são todos os tipos da Scala. `String`, `List[Int]` e `Map[Int,User]` são todos objetos da categoria Scal.

Morfismos

Se pegarmos dois tipos, `String` e `Int`, por exemplo, como definiríamos um morfismo entre eles? Simplesmente defina um morfismo de `String` em `Int` como qualquer função que recebe uma `String` e retorna um `Int`. Assim, um exemplo de morfismo entre esses dois tipos seria uma função length. Ela recebe uma `String`, como "abc", e retorna um `Int`, nesse caso, 3.

> Se A e B forem tipos da Scala, um morfismo de A em B será uma função que recebe A e retorna B.

Agora vejamos um exemplo de uma composição de dois morfismos. Sabemos que, em qualquer categoria, se houver um morfismo $f: A \rightarrow B$ e um morfismo $g: B \rightarrow C$, então deverá haver um morfismo $h: A \rightarrow C$ com $h = g \circ f$. Peguemos dois morfismos que se alinham corretamente e analisemos sua composição.

f: `String` → `Int` é definido por *f(s)* = `s.length`

g: `Int` → `Int` é definido por ***g(n)*** = $n * n$

Assim, *f* é a função `length` e *g* é a função `square`. Como seria sua composição?
(g o f)(s) = `s.length * s.length`

Assim, temos nossa categoria Scal, na qual os objetos são tipos e, para dois tipos *A* e *B*, os morfismos são funções que recebem um *A* e retornam um *B*.

> Quando selecionamos uma linguagem de programação, a Scala nesse caso, toda a parte da teoria das categorias que é aplicada à programação funcional lida com essa categoria Scal, na qual os objetos são tipos da Scala e os morfismos de *A* em *B* são funções que recebem um objeto do tipo *A* e retornam um objeto do tipo *B*.

Functores

Functor é uma palavra engraçada. Ele se parece com função e, de fato, é uma função. Mas se trata de um tipo bem especial de função. Antes de vermos a definição, vejamos alguns exemplos em Scala que correspondem aos functores. Alguns functores em Scala são `List`, `Option` e `Future`.[2] Esses exemplos têm duas coisas em comum. Primeiro: são tipos genéricos, o que significa que podem usar outros tipos como parâmetros. Não podemos simplesmente ter uma `List` em Scala. Podemos ter `List[String]`, `List[Int]` ou `List[User]`, por exemplo. `List[String]` não é um functor. É um tipo. Mas, isoladamente, `List` é um functor.

> `List[String]` não é um functor. É um tipo. Isoladamente, `List` é um functor. Quando a aplicamos a um tipo, como `String`, por exemplo, obtemos um tipo. É por isso que, em Scala, os functores também são chamados de construtores de tipos.

A segunda característica que os functores apresentam é que todos eles têm uma função `map`. Vejamos um exemplo:

Scala

```
val lst = List(1,2,3,4) ❶
lst.map(n => n*n)       ❷
//retorna List(1,4,9,16)
```

[2] Para saber mais sobre esses conceitos, consulte o Apêndice.

❶ Cria uma lista de quatro números.

❷ `List` é um functor, de modo que tem a função `map`.

Agora vamos fazer a definição de functor. Primeiro, é preciso especificar duas categorias: C_1 e C_2.

Então, um functor F de C_1 em C_2 é a função da primeira categoria para a segunda, o que satisfaz as seguintes propriedades:

1. F transforma objetos de C_1 em objetos em C_2. (Assim como `List` transforma `String` em `List[String]`.)
2. F transforma morfismos de C_1 em morfismos em C_2. (O que `List` faz com um morfismo é mais complicado. Isso envolve a função `map`, e falaremos sobre isso mais adiante.)
3. $F(f \circ g) = F(f) \circ F(g)$ sempre que os domínios e contradomínios de morfismo de f e g se alinharem.

Essa condição basicamente significa que as duas categorias, C_1 e C_2, têm estruturas similares no que se refere a morfismos. A ideia que devemos ter em mente ao considerarmos functores é que eles medem o quão similares duas categorias são.

> Para definir um functor, primeiro precisamos de duas categorias, C_1 e C_2. Então, um functor será uma função de C_1 em C_2 que satisfaz certas propriedades descritas mais aditante.

Não precisamos de duas categorias para definir um functor? Na verdade, não. Um functor pode ir de uma categoria para si mesmo. Um functor assim é chamado de *endofunctor*. Assim, todos os functores que consideraremos, na categoria Scal, serão endofunctores.

Vamos considerar, por exemplo, o construtor de tipos `List` em Scala. (Perceba que não é um tipo). Uma `List` precisa ser uma `List` de alguma coisa. `List` por si só não é um tipo. `List[String]`, por exemplo, é um tipo. Por outro lado, `List` por si só é um construtor de tipos. Ela "constrói" um tipo porque quando você pega uma `List` de algo, obtém um tipo. Quais seriam outros exemplos como este em Scala? `Option` e `Future`, para citar apenas alguns.

Na categoria Scal, esses exemplos são functores. `List`, `Option` e `Future`. Eles são functores da categoria Scal para si mesmos.

> Lembre-se: chamamos esse tipo de functores de endofunctores. Assim, `List`, `Option` e `Future` são exemplos de endofunctores, e todos os endofunctores são functores.

O que um functor faz com um morfismo?

Primeiro, `List` transforma objetos de Scal em objetos de Scal. Por exemplo, `List` transforma o objeto `String` no objeto `List[String]`. Em segundo lugar, `List` também transforma morfismos em morfismos. Como isso funciona? Consideremos dois morfismos, `length` e `square`. `length` é um morfismo de `String` em `Int`, e `square` é um morfismo de `Int` em `Int`. Assim, sua composição `square` o `length` é um morfismo de `String` em `Int`. Ele recebe uma sequência de caracteres e retorna o `square` do `length` dessa sequência.[3]

Assim, entendemos como `List` transforma uma `String` em `List[String]`. Mas como `List` afeta os morfismos? O que é `List(length)`? Isso parece estranho. Não estamos acostumados a receber a lista de uma função.[4] O que isso pode significar? Como `length` vai de `String` para `Int`, `List(length)` deve ir de `List[String]` para `List[Int]`. Consegue pensar em alguma função, talvez com outro nome, que mapeie `List[String]` com `List[Int]`? Se você disse `map`, acertou. Em Scala, escreveríamos isso da seguinte forma:

Scala

```
List("abc", "defgh").map(_.length) //== List(3,5)
```

Em Scala, certos tipos têm uma função `map` definida (veremos que eles são justamente os functores.) Assim, dado um functor, temos essa função `map` em segundo plano. E quando queremos saber o que o functor faz com os morfismos, precisamos usar a função `map` de certa forma. Expressamos isso anteriormente com length, mas vejamos como fazer isso em um caso mais genérico.

[3] Um pouco forçado, eu sei, mas isso ilustra a composição dos morfismos.

[4] A menos que se trate de uma lista de funções. Nesse exemplo, não nos referimos a uma lista de funções. Estamos aplicando List à função como um functor.

O ponto onde os functores aparecem na PF é em qualquer lugar em que há tipos que implementam a função `map`. Pense: `functor` = trait Mappable (ou interface).

Vejamos um exemplo na categoria Scal.

Considere o functor `List` de Scala para Scala. Dissemos que um functor mapeia objetos em objetos e morfismos em morfismos. Nesse caso, `List` transforma um objeto *A* de Scal no objeto `List[A]` de Scala. Lembre-se: objetos em Scal são tipos.

O que dizer sobre o que o functor `List` faz com morfismos? Supondo que A = `String` e B = `Int`, vejamos o que `List` faz com `length`: $A \rightarrow B$.

Bem, `List(length)` deve ser um morfismo em Scal. E como `length` vai de `String` para `Int`, sabemos que `List(length)` vai de `List[String]` para `List[Int]`. Então, vamos pegar um objeto do tipo `List[String]` e ver o que `List(length)` faz com ele.

```
List(length)(List("abc")) = List("abc").map(s => s.length)
```

E isso é igual a `List(3)`.

Em Scala, não pensamos nessa função como `List(length)`, mas como a função `map`. Na verdade, existem muitas funções `map`, uma para cada functor. Em Scala, pensamos nisso apenas como uma função `map`, a qual pode ser aplicada a qualquer estrutura de armazenamento de dados. Mas na teoria das categorias, a função `map` é o que obtemos quando aplicamos um functor a um morfismo.

Eu havia dito antes que você podia pular nossa discussão teórica sobre a teoria das categorias na PF. Disse que a analisaríamos apenas de um ponto de vista puramente prático. É isso o que faremos agora no caso dos functores.

Formulação de um Functor na Linguagem de Programação

O que é um functor em termos puros de linguagem de programação? Um functor é apenas uma interface (ou trait em Scala) que implementa o método `map`.

Um functor poderia ter sido chamado de Mappable, pois ele simplesmente se trata de uma trait com um método `map` definido. Quando vir um *functor*, lembre-se de que ele *tem um método map*.

Como vimos, temos duas maneiras de encarar um functor. Podemos representar o functor como uma trait (ou interface) que implementa o método `map` ou podemos pensá-lo do mesmo jeito que pensamos nele na teoria das categorias. Dessa perspectiva, um functor é uma função dos tipos de Scala para os tipos de Scala e também é uma função de morfismos da categoria Scal para outros morfismos em Scal. Mais especificamente, se `A` e `B` são dois tipos da Scala, e `f` é um morfismo de `A` em `B`, então `F(f)` é um morfismo de `F[A]` em `F[B]`. Poderíamos pensar em `F` como que fornecendo o contexto dos dois tipos e um morfismo entre eles. Começamos trabalhando em `A` e `B` e terminamos trabalhando em `F[A]` e `F[B]`. Assim, contextualizamos `A` e `B`. Se quisermos saber o que o morfismo `f` representa no contexto `F`, analisamos o morfismo `F(f)` de `F[A]` em `F[B]`. Que morfismo é esse? Bem, se `fa` é um elemento de `F[A]`, então `F(f)` transforma `fa` em `fa.map(f)`.

Lembre-se de que cada functor tem um método `map` associado a ele, de modo que sempre podemos executar essa expressão. Deixe-me dar um exemplo disso. Posso usar o functor `List`. Nesse exemplo, `A = Int` e `B = Int`. `F = List`, e suponhamos que o morfismo square `f: A -> B` seja a função `square`.

Assim, `F[A] = List[Int]` e `F[B] = List[Int]` também. O que é `F(square)`? Ou seja, o que é `List(square)`? Lembre-se de que, para isso, precisamos da função `map`, que vem com `List` (e com todos os outros functores). Assim, temos:

```
F(square)(fa) = fa.map(f) ou
```

```
List(square)(fa) = fa.map(square)
```

Isso nos dá:

```
List(square)(List(1,2,3,4)) = List(1,2,3,4).map(square) = List(1,4,9,16)
```

Dissemos que um functor da categoria *C* para a categoria *D* deve satisfazer três propriedades.

- Um functor `F` transforma objetos de *C* em objetos de *D*. No caso da categoria Scal, isso significa que `F` transforma tipos da Scala em tipos da Scala.
- F transforma morfismos de *C* em morfismos de *D*.
- Uma propriedade de composição, como segue:

  $F(f \circ g) = F(f) \circ F(g)$, onde *f* e *g* são morfismos.

Verifiquemos essa propriedade para o functor `List` e dois morfismos `length` e `square`.[5] Nesse caso, `length` é um morfismo de `String` em `Int`, e `square` é um morfismo de `Int` em `Int`.

Inserindo os valores, temos:

```
List(square o length) = List(square) o List(length)
```

A expressão à esquerda transforma um objeto do tipo `List[String]` em um objeto do tipo `List[Int]`. Por exemplo:

```
List(square o length)(List("hello", "universe")) =
List("hello","universe").map(square o length) =
List(square o length ("hello"), square o length ("universe")) =
List(square(5), square(8)) = List(25,64)
```

Agora vamos avaliar `List(square) o List(length)`.

```
List(square) o List(length))(List("hello","universe")) =
List(square)(List(length)(List("hello","universe"))) =
List(square)(List("hello","universe").map(length) =
List(square)(List(5,8) = List(5,8).map(square) = List(25,64)
```

Então os dois lados são iguais. O que provamos, neste caso específico, de fato, sempre será verdadeiro. Para qualquer functor *F* e dois morfismos *f* e *g*, sempre teremos:

$$F(f \text{ o } g) = F(f) \text{ o } F(g)$$

Todos os cálculos anteriores provam que *F* satisfaz essa importante propriedade para um functor, ou seja $F(f \text{ o } g) = F(f) \text{ o } F(g)$

Logo, o mesmo vale, por exemplo, para outros functores, como `Option` e `Future`. Quando sabemos que uma coisa é um functor, sabemos que podemos compor morfismos dessa forma. Por que isso é importante? Isso será explicado na próxima seção.

[5] Esta seção contém muitas fórmulas. Sinta-se à vontade para pulá-la se essa não for sua praia.

Os Padrões

Nesta seção, descrevemos alguns padrões funcionais. Esses padrões ocorrem com frequência em códigos funcionais, e se estiver bem familiarizado com eles, ao escrever códigos e se deparar com algum problema que precise resolver, talvez esse padrão que serve para resolver algum problema específico lhe venha à mente. Comecemos com o padrão funcional mais comum: o functor.

O Padrão Functor

Agora que temos uma noção melhor do que é um functor, como esse padrão pode ser útil? Os functores são úteis por dois motivos:

- Eles sempre terão uma função map.
- Eles sempre podem ser compostos.

No exemplo a seguir, mostrarei como a composição de dois functores pode ser útil.

Supondo que tenhamos uma lista de opções:

Scala

```
val listOfOptions = List(Some(8), None, Some(2))
```

Se não estiver familiarizado com `Some` e `None`, consulte a seção sobre Options no apêndice. Suponhamos que queremos somar os números 1, 8 e 2. A maioria das linguagens não oferece construções de functores prontos para usar. Até a Scala, que é consideravelmente funcional, não tem essa capacidade. Mas existe uma biblioteca chamada Cats *(https://oreil.ly/lXxBp)*, que oferece construtos da teoria das categorias como objetos de primeira classe, por assim dizer.

> Na comunidade funcional da Scala, Cats é a biblioteca obrigatória para construtos funcionais.

Primeiro, analisemos a trait Functor, que vem com a Cats.

Scala

```
trait Functor[F[_]] {
      def map[A, B](fa: F[A])(f: A => B): F[B]
}
```

Podemos ver a função `map`, que todo functor tem. Mas o que é `F[_]`? `F[_]` é o jeito da Scala de representar um construtor de tipos. Então esse `F` é o que entendemos como functor. Lembre-se, porém, do que estamos tentando provar. Queremos ilustrar como a composição de functores, que está sempre à nossa disposição, é útil. Portanto, voltemos ao nosso exemplo de `listOfOptions`.

```
val listOfOptions = List(Some(8), None, Some(2))
```

A definição da trait `Functor` na biblioteca Cats da Scala é bastante simplificada para o nosso exemplo. Um dos métodos com que ela vem é `compose`. Assim, para somar um ao número de opções, podemos fazer o seguinte:

Scala

```
Functor[List].compose[Option].map(listOption)(_ + 1)
```

Temos uma lista de opções de `Ints` e queremos mapeá-los. Assim, essa expressão nos permite compor `List` e `Option` para obter um novo functor e usar o método `map` desse novo functor para mapear os `Ints` com a função anônima _ + 1, que é a maneira da Scala de escrever uma função anônima para somar 1. Começamos com

```
val listOfOptions = List(Some(8), None, Some(2))
```

e terminamos com:

```
val listOfOptions = List(Some(9), None, Some(3))
```

Perceba que essa expressão está carregada de significado. Esse é um bom exemplo do poder da composição de functores na programação funcional.

Monoides

Como mencionado antes neste capítulo, um semigrupo é um conjunto com uma operação associativa nele. Se um semigrupo tem um elemento de identidade, ou seja, um elemento e no semigrupo com a propriedade que: $e * x = x * e = x$ para todos os elementos x do semigrupo, esse semigrupo será chamado de *monoide*.

Nos Exemplos 3-1 e 3-2, mostrarei alguns exemplos de monoides.

Exemplo 3-1. Exemplo de um monoide

Suponha que *M* é o conjunto de todos os números inteiros não negativos. Além da operação de soma, esse é um semigrupo. Perceba, porém, que 0 está contido no conjunto *M*. Sabemos que se somarmos 0 a qualquer número inteiro não negativo, à esquerda ou à direita, teremos apenas o número original.

> Dizemos lado esquerdo ou direito porque nem todos os semigrupos são comutativos. Nem sempre é verdade, em um semigrupo, que $a * b = b * a$.

No caso de números inteiros não negativos, a soma é comutativa. Então, referir-nos ao lado esquerdo e direito na definição é desnecessário. Isso é um monoide. Podemos escrevê-lo assim `(N, + , 0)`.

Exemplo 3-2. Outro exemplo de monoide

Suponha que *M* é o conjunto de todas as matrizes de 2 × 2 de números inteiros com multiplicação de matrizes. Com a matriz identidade, aquela com uns na diagonal e zeros fora da diagonal, ela é um monoide. Perceba que a multiplicação de matrizes não costuma ser comutativa, mas, se multiplicarmos a matriz identidade à esquerda ou à direita de determinada matriz, o resultado será essa mesma matriz.

Como os monoides podem ser úteis na programação funcional?

Vamos começar com um exemplo simples. Queremos uma função que some vários números. Vamos escrever esse código em Java, no estilo imperativo, comum. Poderíamos fazer algo óbvio, como:

Java

```
int sum(List<Integer> lst) {
        int result = 0;
        for (int i=0; i<lst.size(); i++) {
            result += lst.get(i);
        }
        return result;
    }
```

Esse código faz a soma de uma lista de números inteiros. Vamos analisá-la a partir de um ponto de vista funcional. Primeiro, veja como seu estado muda. O valor de `result` é alterado continuamente durante o programa. O mesmo vale para o valor de `i`. Vamos tentar escrever uma versão funcional dessa função que não mude de estado e que também use uma abstração, como o monoide, para expressar `sum` com um nível maior de abstração. Existe uma função na programação funcional chamada `foldLeft`.[6] Basicamente, a `foldLeft` se origina do conceito do monoide. Se tivermos um monoide, podemos implementar `foldLeft`.

Vejamos um exemplo. Considere o seguinte monoide: o conjunto de números inteiros com a soma como sua operação e 0 como o elemento identidade. Podemos criar a função `foldLeft` em qualquer monoide. Podemos combinar a identidade com o primeiro elemento do monoide. Em seguida, pegamos o resultado disso e o combinamos à esquerda com o próximo elemento do monoide. Fazemos isso até que não haja mais elementos. Outra maneira de expressarmos isso seria que temos uma operação binária, ou seja, uma que combina dois elementos. E fold aplica a operação ao par para obter a combinação de todos os elementos. Em Java, temos uma função similar chamada `reduce`. Vejamos um exemplo.

Java

```
Integer sumAll(List<Integer>lst) {
    return lst.stream().reduce(0, Integer::sum);
}
```

Em Scala, temos:

Scala

```
def sumAll(Lst: List[Integer]):
    return lst.foldLeft(0)(_+_)
```

Em Scala, `foldLeft` é um método da classe `List[Int]` e _ + _ é uma função anônima. `foldLeft` pode ser usada em muitas situações. Para cada monoide em uma categoria, haverá uma função `foldLeft`. Por exemplo, sequências de caracteres com concatenação ou booleanos com `and`. Os monoides podem ser complexos, mas não importa o quão complexos eles sejam, sempre poderemos usar a função `foldLeft` deles. Isso ilustra como podemos usar uma função útil, a `foldLeft` nesse caso, que vem diretamente da noção categórica dos monoides. `foldLeft` é uma ampla generalização de se somar vários números, concatenando várias sequências de caracteres ou usando *and* com várias expressões

[6] Também existe uma `folfRight`. Essa função é encontrada com vários nomes, dependendo da linguagem de programação (por exemplo, `folfLeft`, `foldl`, `foldRight`, `foldr` e `fold`).

booleanas. Todos os monoides têm o método `foldLeft` (ou `foldRight`), embora, como mencionado, ele possa ter um nome ligeiramente diferente em outras linguagens.

Nosso objetivo é chegar às *mônadas* (*monads*), ver de onde elas vêm e como elas se relacionam com a programação funcional. Para definir o que é uma *monad*, precisamos definir o que é transformação natural primeiro.

Transformações Naturais

Para simplificar as coisas, não vamos entrar nos detalhes técnicos de qual seria a definição de transformações naturais.[7] Meu objetivo é lhe dar uma ideia do que seria uma mônada, no contexto da teoria das categorias, e, o mais importante, esclarecer como elas podem ser úteis na programação funcional.[8]

Precisamos das transformações naturais para definir as *monads*. Por acaso, existe uma maneira de pensarmos nas transformações naturais que é, bem, natural. Os functores, como vimos, são funções de uma categoria em outra (por exemplo, de Scal para Scal). Mas podemos mudar de perspectiva e criar uma categoria em que os objetos das novas categorias sejam functores da categoria original.

> Vou repetir. Começamos com a categoria C. Então, pegamos todos os functores de C para C. Criamos uma *nova* categoria cujos objetos são todos os functores de C para C. A seguir, explicarei quais são os morfismos dessa nova categoria.

Queremos que esses functores sejam os objetos dessa nova categoria. Para que isso aconteça, precisamos de morfismos. Ou seja, precisamos de funções entre endofunctores que satisfaçam as regras dos morfismos. As transformações naturais da categoria C correspondem aos morfismos dessa nova categoria de endofunctores. Que propriedades esses morfismos têm?

> Suponhamos que temos morfismos de C em C. Eles são chamados de transformações naturais.

[7] Para mais informações sobre transformações naturais, veja *https://en.wikipedia.org/wiki/Natural_transformation*. As transformações naturais são complexas.

[8] Se quiser, você pode pular essa explicação caso não esteja interessado na base teórica das monads. Mais adiante, abordaremos as monads a partir de um ponto de vista mais prático da programação.

Se o assunto a seguir for abstrato demais para você, sinta-se à vontade para pular para a seção sobre flatMap e unit.

Agora vamos definir endorfismo. Um *endorfismo* é um morfismo de uma categoria *C* para si mesmo. É como um morfismo comum, mas a categoria do domínio e a categoria do contradomínio são as mesmas. Suponha que E_1, E_2 e E_3 sejam três endomorfismos de *C*. Ou seja, eles são três objetos de End(C). Suponhamos também que temos dois morfismos *f* e *g* em que $E_1 \rightarrow E_2$ e g: $E_2 \rightarrow E_3$. Assim, segundo a definição de morfismo, existe a composição $g \circ f$: $E_1 \rightarrow E_3$. E essa composição é associativa. Esses morfismos em End(C) são o que chamamos de transformações naturais da categoria *C* original. Existe outra definição para eles, que costumamos encontrar em um livro sobre teoria das categorias, mas ela é um pouco mais complicada. Pensar neles como morfismos da categoria de endofunctores é mais direto. Em outras palavras, começamos com a categoria *C*, formamos a categoria End(C), e os morfismos de End(C) serão transformações naturais em *C*.

> Em resumo, temos uma categoria que chamaremos de End(C), os objetos são functores de *C* em *C*, e os morfismos são chamados de transformações naturais.

Agora, como chegamos daqui até as *monads*?

O truque é nos lembrarmos do conceito de monoides novamente. Escolha um endomorfismo *M* em End(C). Acontece que esse *M* pode ser atribuído à estrutura de um monoide. Então temos um monoide (M, *, e) na categoria End(C). Temos um monoide na categoria de endofunctores. *Isso* é uma *monad*. As *monads* aparecem na teoria das categorias como um monoide da categoria de endofunctores.

> Lembre-se: toda *monad* é um monoide, mas nem todo monoide é uma *monad*. Uma *monad* é um monoide com estruturas adicionais.

A estrada de uma categoria simples para um monoide da categoria de endofunctores é longa. Existem outras maneiras de tratar as *monads* que são mais práticas e úteis. De fato, existe uma forma de passarmos da operação * do monoide para uma função chamada `flatMap` e da identidade e do monoide para uma função chamada `unit`. E essas duas funções nos darão maneiras mais práticas de descrever as *monads*.

Uma *monad* é um monoide e um functor. Como functor, ela tem um método `map` (como todos os functores), e como uma *monad*, ela também tem um método `flatMap`.

Monads

Espero que você tenha conseguido ter uma ideia de onde vêm as *monads*. Mas o que são as *monads* de um ponto de vista prático? Precisamos lidar com endofunctores quando queremos usar uma *monad*? E como as *monads* podem ser úteis? No fim das contas, existe uma descrição muito mais simples de *monads* na categoria Scal (ou qualquer outra categoria associada a uma linguagem de programação). Essa descrição mais simples tem a ver com as funções `flatMap` e `unit`.

> Existe uma maneira muito mais simples de encarar as *monads*. Precisamos apenas de dois métodos: `flatMap` e `unit`.

flatMap e unit

Em Scala, `flatMap` e `unit` são duas funções que podem ser usadas para definir uma *monad*. Eles possuem a seguinte assinatura:

Scala

```
trait Monad[M[_]] {
      def flatMap[A](ma: M[A])(f: A => M[B]): M[B]
      def unit[A](a: A): M[A]
}
```

Aqui, `M[_]` é um construtor de tipos. Quando inserimos um tipo `A` em `M[_]`, obtemos um novo tipo, `M[A]` (como `List[A]` ou `Option[A]`). Então temos `ma`, um objeto do tipo `M[A]`, e `f`, uma função de `A` em `M[B]` que retorna um objeto do tipo `M[B]`. Veremos alguns exemplos. Mas primeiro, como devemos encarar as *monads*? A melhor maneira de encará-las, do ponto de vista da programação funcional, é que ela oferece um contexto para um objeto. Podemos pensar isso como acrescentar mais estruturas a um objeto. Assim, se temos `M[A]`, o `M` é o contexto. Podemos pensar nisso como acrescentar uma estrutura ao tipo `A`.

> Se `A` é um tipo, `M[A]` é A com uma estrutura adicional. A estrutura adicional é `M`.

Assim, analisemos a definição prática de *monad*. Temos `flatMap` e `unit`. Vamos começar com `unit`, visto que ela é mais simples do que `flatMap`. `unit` recebe um elemento do tipo A e o insere no contexto `M[A]`, no qual `M` é a *monad* mencionada. Assim, como exemplo, se `M` é `Option`, e começarmos com a `String` "`abc`", teremos o objeto `Some("abc")`. E ele tem o tipo `Option[String]`. Não seria totalmente correto dizer que `Some("abc")` é uma `String`, mas isso é basicamente o que queremos dizer. Podemos dizer que isso é uma `String` no contexto de `Option`. Aplicamos *Option* à `String`. Ou podemos dizer que acrescentamos uma estrutura adicional.

O que dizer de `flatMap`? Consideremos primeiro a função `map`. Ela é mais simples. Então, temos algo assim:

Suponhamos que `ma` seja do tipo `M[A]`. Suponhamos que temos uma função f:A → B. Então `ma.map(f)` nos dará um valor do tipo `M[B]`. `map` basicamente tirará o valor `ma` do seu contexto `M[A]`, aplicará *f* a ele, receberá um valor do tipo B e o encapsulará no contexto para obter um valor do tipo `M[B]`.

Suponhamos, porém, que temos `ma` novamente, um valor do tipo `M[A]`, mas que agora temos f: `A -> M[B]`. Isso acontece bastante. `M` poderia ser `Option` ou `List`, por exemplo. Se tentarmos usar `map`, teremos: `ma.map(f)`. Se pensar bem, verá que `map` retornará um valor do tipo `M[M[B]]`. E isso provavelmente não é o que você quer. É aí que entra `flatMap`. `flatMap` relaciona `f` com `ma`, mas nivela o resultado.

Suponhamos que `ma` seja do tipo `M[A]` e que f: A → M[B]. Então `ma.flatMap(f)` retornará um valor do tipo `M[B]`, e não `M[M[B]]`.

Vejamos um exemplo disso:

Scala

```
class User(fname: String {
      def firstName: String  = firstName
}

def getUser(id: Int): Option[User]

val users = List(1,2,3).flatMap(id => getUser(id))
```

Se usássemos `map` aqui, em vez de `flatMap`, teríamos uma `List` de opções de usuários. `flatMap` mapeia e nivela. Nesse caso, nivelar significa *tirar os usuários das opções*. Em geral, `flatMap` é útil para encadear funções que envolvem *monads*.

> `flatMap` pode ser entendido da seguinte forma: primeiro aplique `map` e, então, *nivele* o resultado.

Vejamos esse exemplo novamente.

```
val users = List(1,2,3).flatMap(id => getUser(id))
```

Aqui, `flatMap` mapeia um número inteiro com uma opção de usuário e, então, a nivela. Nesse caso, *nivelar* significa tirar o usuário da opção.

A propósito, embora todas as *monads*, por serem functores, tenham um método `map`, não precisamos provar isso. O motivo disso é que se pegarmos `flatMap` e `unit`, podemos definir `map`. Se tivermos esses dois, teremos `map` da seguinte forma:

Scala

```
m map g = m flatMap (x => unit(g(x)))
```

> Se tivermos uma `flatMap` e uma `unit`, teremos um `map` de graça.

Assim, podemos dizer que as *monads* são uma trait (ou uma interface de algum tipo, dependendo da linguagem de programação) que implementa os dois métodos, `flatMap` e `unit`. Além disso, toda *monad* também é um functor. De modo que ela deve ter uma função `map`. E a expressão apresentada nos mostra como obtê-la a partir de `flatMap` e `unit`.

Para entender plenamente a *monad* tal como ela é na teoria das categorias, seria necessário nos aprofundarmos. Espero que tenha conseguido, por um lado, ter uma noção da complexidade envolvida em se construir uma *monad* e, por outro, da abordagem direta de programação, onde modelamos a *monad* como uma interface ou trait que implementa `flatMap` e `unit`.

Ademais, se alguém lhe perguntar o que é uma *monad*, você poderá responder "É um monoide da categoria de endofunctores", e ter pelo menos uma ideia do que isso significa.

Conclusão

Você aprendeu o que é uma categoria, o que é a categoria Scal e viu alguns exemplos de como aplicar functores, transformações naturais, monoides e *monads* no seu código. Darei mais exemplos ao longo deste livro. É importante enfatizar aqui que não é absolutamente necessário aprender a teoria das categorias antes de aprender sobre construções como functores e *monads* e como aplicá-las no seu código, mas acho que saber de onde vêm essas construções lhe dará mais contexto e, talvez, sugira novas maneiras de aplicá-las no seu código.

CAPÍTULO 4

Estrutura de Dados Funcional

As estruturas de dados são um dos conceitos fundamentais da ciência da computação. Assim como os algoritmos, elas são um recurso que os estudantes da ciência da computação e os programadores devem dominar. Assim como a expressão *padrão funcional* não é algo estabelecido, o mesmo vale para a expressão *estrutura de dados funcional*.

Neste livro, me referirei a duas coisas como estruturas de dados funcionais.

- As estruturas usadas nos padrões funcionais, como `Option`, `Either`, `Try` e `List`, que são *monads*.
- Estruturas de dados comuns, que são implementadas de forma funcional para não mudar o estado, como uma lista encadeada.

Neste capítulo, analisaremos o primeiro tipo de estruturas de dados funcionais e veremos brevemente algumas das ideias relacionadas com as estruturas de dados comuns implementadas de forma funcional.

Antes de analisarmos estruturas de dados específicas, permita-me mencionar uma ideia sobre estruturas de dados funcionais que foi discutida na literatura. Primeiro, temos esta citação de Alan Perlis:[1]

> *É melhor ter cem funções operando em apenas uma estrutura de dados do que dez funções operando em dez estruturas de dados.*

Programadores funcionais experientes tendem a usar um pequeno conjunto de estruturas de dados: listas encadeadas, matrizes, tabelas de dispersão e estruturas como `Option`, `Either` e `Try`, para citar apenas algumas. Elas serão analisadas

[1] A famosa citação de Alan Perlis sobre estruturas de dados está aqui: *http://www.cs.yale.edu/homes/perlis-alan/quotes.html*

mais à frente. Acredito que a ideia por trás dessa citação é a de que menos estruturas de dados significa mais uniformidade e simplicidade na base de códigos. E a simplicidade é uma das chaves para lidar com a complexidade. Assim, analisemos algumas estruturas de dados que são particularmente funcionais. Vamos começar com `Option`.

A Estrutura de Dados Option

Eu uso a palavra Option como um termo de linguagem neutro, e não como parte de alguma linguagem de programação específica. Várias linguagens de programação têm uma versão dessa estrutura de dados, e lhe darei alguns exemplos delas. Mas primeiro vamos nos aprofundar nessa ideia. Na verdade, nossa discussão deve começar com o construto `null`. Null é usado para um valor que pode não existir; um valor opcional ou uma situação em que um valor não é conhecido. Um problema com `null` é que, se a variável contiver um objeto, o valor dessa variável for `null` e um método for chamado para esse objeto, o programa lançará uma exceção de ponteiro nulo. As exceções quebram a transparência referencial e não são bem recebidas por programadores funcionais. Tony Hoare, o inventor do `null`, disse que esse foi seu erro de US$1 bilhão:

> *Eu o chamo de meu erro de US$1 bilhão. Foi a invenção da referência null em 1965. Naquela época, eu estava projetando o primeiro sistema de tipos compreensivos para referências em uma linguagem orientada a objetos (ALGOL W). Meu objetivo era garantir que todos os usos de referências fossem totalmente seguros, com a verificação sendo realizada automaticamente pelo compilador. Mas não resisti à tentação de inserir uma referência null, simplesmente porque ela era bem fácil de implementar. Isso resultou em inúmeros erros, vulnerabilidades e crashes de sistema, o que provavelmente causou dor e danos no valor de US$1 bilhão nos últimos quarenta anos.*[2]

Mas sem `null`, como poderíamos lidar com um dado opcional ou que talvez não tenha um valor? Bem, um dos principais problemas com `null` é que, na verdade, ele não tem um tipo. E se pudéssemos criar um tipo que representasse o caso de quando um valor é inexistente ou opcional? Bem, isso existe. E existe em muitas linguagens. E nas linguagens em que não existe, não é difícil criá-lo. Existem algumas maneiras de nos referirmos a esse tipo, mas a maioria delas envolve alguma versão da palavra `Option`. Temos `Optional` em Java.[3] O Python

[2] Toany Hoare, sobre a palavra-chave null: *https://qconlondon.com/london-2009/qconlondon.com/london-2009/ speaker/Tony+Hoare.html*

[3] Como muitos outros construtos funcionais, isso exige o Java 8 ou acima.

tem o objeto `None`, que, de certa forma, é parecido com `Option`, mas não tem toda a funcionalidade de `Option`. Porém, construir um `Option` em Python não é difícil. A ideia por trás de `Option` é a seguinte: suponhamos que temos um método que recebe um `id` e retorna um objeto `Customer` (Cliente). O que fazer se não temos nenhum cliente com o `id` indicado?

> Podemos lançar uma exceção quando `Customer` não é encontrado. Porém, como já mencionado, isso não é funcional, pois quebra a transparência referencial. Se uma função lança uma exceção, a ideia de que obteremos o mesmo resultado ao inserir um mesmo dado deixaria de ser verdade.

Mesmo que você goste de exceções, esse exemplo realmente não é um caso adequado para uma exceção. Uma exceção se refere a uma situação excepcional. Algo que não deveria acontecer, mas que acontece. Poderia se argumentar que realmente não existe uma boa razão para acreditarmos que um `id` antigo apresentado por um sistema corresponderia a um `Customer` de verdade. As situações em que isso acontece não são raras. Podemos até dizer que esse é um dos resultados que deveríamos esperar. Então, como podemos lidar com isso sem uma exceção? Consideremos o construto `Option`. Por `Option`, refiro-me a uma estrutura de dados geral, e não a um construto em determinada linguagem de programação. Um `Option` costuma ter duas partes: uma é o contêiner que armazena o valor. Esse é o caso em que um valor válido foi calculado ou obtido de alguma forma. A segunda parte representa o caso em que nenhum valor válido está disponível. Essa seria uma situação em que uma linguagem sem um tipo `Option` poderia usar um `null`. Vejamos um exemplo em Scala. Voltemos ao exemplo de encontrar um cliente com base em um `id`. Em Scala, podemos fazer o seguinte:

Scala

```
def getCustomer(id: Int): Option[Customer] = {
    //código que encontra um cliente no banco de dados.
}
```

Esta função pode retornar uma de duas coisas. Caso o `id` bata com um cliente, o método retornará:

```
Some(customer)
```

Se nenhum cliente bater com determinado `id`, a função retornará o valor:

```
None
```

Poderemos realizar as ações necessárias para lidar com a situação. Se ele retornar `Some(customer)`, teremos várias formas de extrair o cliente do contêiner `Some`. Uma maneira comum é usar o recurso de correspondência de padrões da Scala. Veja um exemplo disso:

```
getCustomer(17) match {
    case Some(customer) => //faça algo com o cliente
    case None => //Faça algo para lidar com essa situação.
}
```

Outra abordagem que talvez seja mais comum é usar uma das funções de alta ordem, como `map`, `flatMap` ou `filter`. Por exemplo:

```
val customer = getCustomer(17) map { customer => customer.firstName}
```

A variável customer, no caso em que um valor é obtido, conterá `Some("Peter")`. Se nenhum cliente for encontrado, um `None` será retornado e o programador poderá lidar com isso.

> É importante entender que `Some` e `None` são tipos e que, por isso, o compilador pode nos ajudar a encontrar erros associados a eles, diferentemente de `null`, que ocorre durante a execução, e não durante a compilação.

Suponhamos agora que temos uma lista de objetos `Option`, sendo que todos eles são um `Some(customer)` ou um `None`. E suponhamos que queremos transformar isso em uma lista de clientes em que ignoramos os `Nones`. Suponhamos também que `getCustomers` retorne uma lista de opções de objetos `Customer`. O objeto `Customer` pode ser uma classe de caso semelhante a esta:

```
case class Customer(id: Int, firstName: String)
```

E a lista de opções de clientes seria algo assim:

```
val customers = List(Some(Customer(1,"Bob")), None, Some(Customer(33, "Lee")),
                                              None, Some(Customer(5, "Rhonda")))
```

Então poderíamos fazer o seguinte:

```
customers.flatten
```

Isto retornaria:

```
List(Customer(1,"Bob"), Customer(33, "Lee"), Customer(5, "Rhonda"))
```

Perceba como os `Nones` são convenientemente deixados de lado.

Vejamos agora alguns exemplos em Java.

Java

```
        Optional<User> optUser = findUserById(123);

        optUser.ifPresent(user -> {
                System.out.println("Nome do usuário = "
        + user.getName());})
    }
```

Nesse exemplo, `findUserById` retorna um `Optional` de um objeto `User` se encontra um que corresponda ao `id` informado. Senão, o código entre chaves não é executado. A forma mais antiga, antes de `Optional`, de se fazer isso seria fazer com que `findUserById` retornasse um `null` se o usuário não fosse encontrado. O problema com isso é que se um método fosse chamado para o *objeto* `User`, que seria `null`, uma `NullPointerException` seria lançada. Com esse código, que usa `Optional`, nenhuma exceção é lançada.

O Python, porém, não tem uma classe `Option`. Ele tem o objeto `None`, que é apenas metade do que Option faz. Entretanto, ele é útil por si só. Podemos fazer coisas assim:

Python

```
def getUser(id):
    #encontrar o usuário no banco de dados

    #se a chamada do banco de dados falhar
    return None
```

Então, podemos fazer isto ao chamar essa função:

```
if getUser(789) is not None:
   #faça algo
```

Talvez você diga que isso é bastante parecido com verificar um `null`, e concordo. Se realmente quiser, você pode criar uma classe `Option` em Python. Uma das maneiras de se fazer isso é assim:

```
class Option:
    def get_or_else(self, default):
        return self.value if isinstance(self, Some) else default

class Some(Option):
    def __init__(self, value):
        self.value = value

class Nothing(Option):
    pass
```

Eu a chamei de `Nothing` (Nada), porque o Python já tem um objeto `None`. Isso não é exatamente pythônico, mas é uma forma de se fazer as coisas.

O C# também tem sua própria versão dessa ideia. Não é exatamente um `Option`, mas é um construto que ajuda em caso de problemas causados por `nulls`. Ele é chamado de tipo `Nullable`. Com esse tipo, podemos representar, de uma forma que torna explícito, que uma variável talvez esteja armazenando um valor `null`. Para determinado tipo, como `int`, por exemplo, podemos formar o tipo:

C#

```
Nullable<int>
```

Como pode ver, esse é um tipo genérico. Uma forma mais abreviada de escrever isso seria:

```
int?
```

Também podemos escrever códigos assim:

```
Nullable<int> n1 = new Nullable<int>(10);
Nullable<int> n2 = null;

if (n1.HasValue) {
   process(n1.Value);
} else {
  //n1 possui um valor null.
}
```

Essa é uma forma de lidar com nulls sem arriscar uma `NullPointerException`.

A Estrutura de Dados Try

Embora o construto `Option` seja útil, e uma melhoria em relação aos `nulls`, ele não nos dá nenhuma ideia do motivo de não termos um valor legítimo. As exceções fazem isso, mas `Options` não. `Options` são uma ótima solução em muitos casos, mas às vezes precisamos obter algumas informações sobre o que deu errado. O construto `Try` resolve isso. Assim como `Option` tem `Some` e `None`, `Try` tem `Success` e `Failure`. `Failure` encapsula a exceção lançada. Assim, embora tentemos evitar as exceções o máximo possível na PF, às vezes isso não é possível. `Try` é uma solução para esse problema. Vejamos alguns códigos.

Scala

```
def divide(a: Float, b: Float): Try[Float] = Try(a/b)
```

Então, podemos fazer o seguinte:

```
divide(3, 0) match {
   case Success(result) => //faça algo com o resultado
   case Failure(ex) => println(ex.getMessage)
}
```

Veja um exemplo de `Try` em uma compreensão `for`:

```
def toInt(s: String): Try[Int] = Try(Integer.parseInt(s.trim))

val y = for {
    a <- toInt("9")
    b <- toInt("3.5")
    c <- toInt("6")
} yield a + b + c
```

Perceba o quão bem lidamos com esse caso de erro. `y` conterá um `Success` encapsulando a soma de `a`, `b` e `c` ou conterá um `Failure` encapsulando uma exceção.

Nesse caso, o resultado será:

```
Failure(java.lang.NumberFormatException: For input string: "3.5")
```

A Estrutura de Dados Either

Ao passo que o tipo `Try` nos dá mais informações sobre uma falha ou resultado excepcional do que `Option`, você talvez esteja se perguntando se existe um tipo que nos dá mais flexibilidade. O construto `Either` faz isso. A ideia é a seguinte: um objeto `Either` pode ser um `Right` ou um `Left`. `Right` é como o tipo `Some` de `Option`. `Left` é como `None`, com a exceção de que ele pode encapsular um tipo. Vejamos um exemplo em Scala.

Scala

```
def divide(a: Int, b: Int): Either[String, Int] = {
    if (b == 0)
       Left("Não é possível dividir por zero.")
    else
       Right(a/b)
}
```

E podemos fazer algo assim:

```
divide(a, b) match {
     case Left(msg) => //faça algo com msg
     case Right(res) => //faça algo com res
}
```

`Left` e `Right` podem encapsular todos os tipos. Por exemplo, suponhamos que temos dois tipos personalizados, chamados `User` e `Error`.

Scala

```
case class User(id: Int, firstName: String)

case class Error(id: Int, text: String)

def getUser(id: Int): Either[Error,User] = {
    //Se eu encontrar um usuário na api
    Right(User(id, firstName)

    //caso contrário, se houver um erro
    Left(id, text)
}
```

Então, podemos fazer o seguinte:

```
getUser(4) match {
    case Right(user) => println(user.firstName)
    case Left(error) => println(error.text)
  }
```

`Left` pode até encapsular uma exceção, caso ache necessário ou prudente, por algum motivo, usar uma e se não quiser usar um `Try`. Por exemplo, talvez você esteja usando uma biblioteca que lança uma exceção. Mas sempre é possível apanhar a exceção e retornar um tipo de erro encapsulado em `Left`.

À medida que nos aprofundamos na programação funcional, seria útil e, em alguns casos, necessário usar bibliotecas funcionais de terceiros que incluam várias das estruturas que analisamos aqui. Demos exemplos em Scala, Java, Python e C#. Essas linguagens variam em quanta programação funcional elas podem realizar sem bibliotecas, mas todas elas precisam de bibliotecas para algumas coisas.[4] No caso do Java, existem pelo menos duas bibliotecas que possibilitam construtos funcionais. Uma delas é chamada deFunctional Java, e a outra é a Vavr. Veremos alguns exemplos de Vavr. Sempre informarei quando algum código precisar da Vavr. Vejamos como seria o `Either` no Java com Vavr.

Java com Vavr

```
private static Either<String, User> getUser(int id) {
    //um código que encontrou um usuário com sucesso
        return Either.right(user);
    } else {
        return Either.left(String.format("Nenhum usuário encontrado com a id  %s", id);
    }
}
```

E que tal uma biblioteca funcional para Python? Uma biblioteca excelente é a OSlash. Com a OSlash, podemos escrever o seguinte tipo de coisas em Python:

Python (com OSlash)

```
def get_user(id):
    #um caso de sucesso retorna um objeto user
    return Right(user)
    #um caso de erro retorna um objeto error
    return Left(error)
```

Então, fazemos o seguinte:

```
if isinstance(result,Right):
   #faça algo com o resultado de sucesso
else:
    # o resultado é um erro
```

[4] Uma exceção é a Haskell, uma linguagem de PF pura.

Funções de Alta Ordem

As funções que retornam essas estruturas de dados funcionais, como `Option` ou `Either`, se disponibilizam para funções de alta ordem. Vejamos alguns exemplos disso.

Scala

```
case class User(id, firstName)

val users: List[Option[User]] = List(Some(User(1, "Jack")),
                                     None, Some(User(2, "Andrea")), None, None)
```

A lista de `users` poderia ser o resultado de uma função que consulta uma API e obtém opções de usuários em retorno. Nos casos em que nenhum `User` for encontrado para determinado `id`, a função retornará um `None`. Para obter apenas os usuários e não os `Nones`, podemos fazer o seguinte:

```
users.flatten
```

Isto retornará:

```
List(User(1,"Jack"),User(2,"Andrea"))
```

Em geral, um tem um pipeline de dados, por assim dizer, dos valores que estamos transformando ao chamar um punhado de funções de alta ordem. Por exemplo, suponhamos que temos uma função de Scala, a `getUsers`, que retorna uma lista de `Either[Error,User]`, em que `User` tem um campo chamado `email`. E suponhamos que queremos filtrar todos os usuários com uma conta *example.com*. Assim, esperamos que o resultado seja uma `List[Either[Error,String]]`, onde a `String` representa o endereço de e-mail. Uma abordagem imperativa, que faz um loop por `List`, seria um tanto complicada. Vejamos como uma abordagem funcional, que usa funções de alta ordem, simplifica bastante o código e faz isso indo diretamente ao âmago do que está acontecendo. O loop não faz parte dele. Vejamos o código:

Scala

```
case class User(id: Int, email: String)
case class Error(id: Int, text: String)

def getUsers(): List[Either[Error,User]] =
    List(Right(User(1, "jack@example.com")), Left(Error(4,"usuário não encontrado")),
         Right(User(2, "andrea@example.com")))
```

Em seguida, fazemos o seguinte:

```
val emails = getUsers().map(either => either.map(u => u.email))
```

E agora emails conterá:

```
List(Right(jack@example.com), Left(Error(4,usuário não encontrado)), Right(andrea@example.com))
```

Isso nos permitirá atravessar a hierarquia de campos para obter aquele que queremos.

Monads em Compreensões de Sequência em Scala

Como vimos, coisas como `List`, `Option`, `Try` e `Either` são *monads*. Uma coisa muito útil que podemos fazer com elas em Scala são compreensões de sequência (`for` comprehensions)Veja um exemplo:

Scala

```
case class Student(id: Int, email: String)
case class FinalGrade(grade: Int)
def getStudent(id: Int): Option[Student] = ???
def getFinalGrade(student: Student): Option[FinalGrade]
```

Essa função tenta obter um objeto User que corresponde ao id indicado e, se ele for encontrado, a função retornará `Some(User(493, "Alex"))`, por exemplo. Se não, ela retornará `None`. Mas podemos fazer o seguinte:

```
for {
    student <- getStudent(999) //getStudent retorna uma monads
    finalGrade <- getFinalGrade(student) //getFinalGrade retorna uma monads
} yield (student,finalGrade)
```

E isso retornaria uma tupla composta por um `Option` de `student` e um `Option` de `finalGrade`. Se alguma das `Options` fosse `None`, o valor da compreensão for seria `None`, e não a tupla de valores. O que essa compreensão de sequência realmente faz é pegar um código perfeitamente funcional e fazê-lo parecer mais com um código imperativo tradicional. Em muitos casos, isso resulta em um código mais claro. No fim das contas, uma compreensão de sequência não passa de um *syntax sugar* para uma série de chamadas de `flatMap` e `map`, e sabemos que todas as *monads* têm `flatMap` e `map`. Vamos começar com uma lista de opções de alunos:

Scala

```
case class Student(id: Int, email: String)
val students = List(Some(Student(1,"jack@example.com")), None,
                    Some(Student(2, "andrea@example.com")), None)
```

Primeiro, suponhamos que queremos encontrar os alunos dentre as opções e ignorar os `Nones`. Podemos fazer isso com uma simples chamada de `flatten`:

```
students.flatten // retorna List(Student(1,"jack@example.com"),
                 Student(2,"andrea@example.com"))
```

Mas digamos que estamos interessados apenas nos `e-mails` e queremos obter uma lista deles. Podemos fazer o seguinte:

```
students.flatten.map(student => student.email)

// Isto retornará List("jack@example.com","andrea@example.com")
```

Em seguida, executamos um `flatten` e, então, um `map`. Às vezes queremos utilizar `map` primeiro e, depois, um `flatten`. Isso é exatamente o que `flatMap` faz. Vejamos um exemplo disso:

```
students.flatMap(optStudent => opStudent)

// retorna List(Student(1,"jack@example.com"), Student(2,"andrea@example.com"))
```

Neste caso, para `map`, usamos a função identidade. Isso fez com que a chamada de `flatMap` se tornasse igual à chamada de `flatten`. Não usamos toda a capacidade de `flatMap`. Vejamos um exemplo mais complicado. Suponhamos que temos uma função `getStudent` que recebe um `id` e retorna um `Option` de um aluno. Essa é uma boa ideia, visto que alguns `ids` talvez não façam referência a nenhum `Student`. Vejamos alguns códigos.

```
def getStudent(id: Int): Option[Student] = {
    id match {
      case 1 => Some(Student(1, "jack@example.com"))
      case 2 => Some(Student(2, "andrea@example.com"))
      case _ => None
    }
  }
```

Mas suponhamos que temos vários `ids` e que queremos chamar essa função para essa lista de alguma forma. Mas a função retorna um `Option`. Podemos fazer o seguinte:

```
List(1,2,3).map(id => getStudent(id))
```

Mas isso retornará:

```
List(Some(Student(1,jack@example.com)), Some(Student(2,andrea@example.com)), None)
```

Provavelmente não é isso o que queremos. É então que `flatMap` entra em ação.

```
List(1,2,3).flatMap(id => getStudent(id))
```

Isso, por sua vez, retornará:

```
List(Student(1,jack@example.com), Student(2,andrea@example.com))
```

Perfeito! `flatMap` é útil quando temos uma lista ou uma monad que queremos mapear, mas a função que usamos para fazer isso retorna a própria *monad*. A parte `flatten` de `flatMap` removerá o resultado do seu *contêiner*, ou seja, sua *monad*.

Estruturas de Dados Tradicionais

Agora examinaremos as estruturas de dados tradicionais, em oposição às estruturas de dados funcionais.

Imutabilidade e Histórico

Como com tudo o que é funcional, a imutabilidade é uma peça importante do quebra-cabeças. Aquilo que chamo de histórico se refere ao fato de que, como não mudamos nada, precisamos copiar algo que muda e conservar seu estado anterior. Por exemplo, uma lista pode ser funcional desde que seja implementada de certa forma. Operações como `push` precisariam fazer uma cópia da lista, em vez de modificá-la na hora. Em geral, isso exige uma forma de se fazer cópias rápidas. Existem vários algoritmos para se fazer isso. Existem até bancos de dados que seguem esse paradigma. O Datomic, por exemplo, um banco de dados criado por Rich Hickey, criador da linguagem Clojure (que tem muitas capacidades funcionais), é outro banco de dados que nunca sobrescreve dados. Ele guarda uma cópia de todos os dados e alterações realizadas. Essa é outra forma por meio da qual o paradigma funcional está se tornando mais dominante.

> Se uma estrutura de dados tradicional pode ou não ser classificada como funcional, isso depende da implementação específica dessa estrutura de dados.

Preguiça (Laziness)

Já falamos sobre a preguiça (*laziness*) antes em conexão com o que compõe uma linguagem funcional. A ideia básica é a de que uma função ou processo é preguiçoso se for avaliado somente quando necessário. Parte disso é o fato de que, se uma função realiza um cálculo longo, o valor será salvo ou *memorizado* e usado da próxima vez que for necessário (se possível). Essa funcionalidade é útil ao criarmos estruturas de dados funcionais eficientes. A Haskell é uma linguagem preguiçosa, e a Scala tem a palavra-chave lazy (preguiça), mas não é preguiçosa por padrão. Em geral, para que uma linguagem seja considerada total ou parcialmente preguiçosa, ela tende a ser a uma linguagem que foi explicitamente construída para ser, pelo menos em parte, funcional.

> A preguiça nos permite aguardar para avaliar uma expressão apenas quando precisarmos dela.

Resumo

Em resumo, existem dois tipos de estruturas de dados funcionais. A primeira é um conjunto de construtos que vêm da teoria das categorias, em geral por meio da Haskell, e que têm as funções `map` e `flatMap`, que fazem com que elas sejam classificadas como *monads*. A segunda é composta por estruturas de dados tradicionais que foram implementadas segundo os princípios já mencionados.

CAPÍTULO 5

Mais sobre Imutabilidade

Já vimos como a imutabilidade é importante para a programação funcional. Este capítulo abordará várias técnicas que podem ajudar a promovê-la, que incluem a recursão, as funções de alta ordem e a combinação de monoides com funções de alta ordem. Incluímos um novo padrão neste capítulo, chamado *Monoide e Fold*, que representa diversos tipos aparentemente diferentes, porém muito similares, de funções. Vamos começar o capítulo com uma discussão sobre variáveis mutáveis e imutáveis.

> A imutabilidade é uma propriedade-chave do código funcional. Se o estado mutável de um programa for menor, o programador precisará se lembrar de menos coisas ao escrever o programa. O grande número de erros de programação é o resultado de o programador não conseguir se lembrar de uma enorme quantidade de detalhes de uma só vez. A mudança de estado resulta em complexidade, a qual precisamos acompanhar e administrar.

Variáveis Mutáveis e Imutáveis

Quase todas as linguagens de programação nos permitem criar uma variável, atribuir seu valor e mudá-lo posteriormente. Um exemplo de uma que não permite isso é a Haskell *(https://oreil.ly/Vh2ej)*. Uma variável que pode ser modificada, depois de ter sido definida, é chamada de variável mutável.

> Na programação imperativa e orientada a objetos, as variáveis mutáveis são onipresentes. Como já dito, na PF, evitamos variáveis mutáveis.

A imutabilidade é especialmente valiosa ao lidarmos com simultaneidade e paralelismo, e abordaremos isso no próximo capítulo. Por enquanto, veremos mais sobre como a imutabilidade pode ser obtida. Já vimos como copiar uma variável com um novo valor, em vez de modificá-la, pode ser útil.

Scala

```
case class User(firstName: String, age: Int)
val user = User("Peter", 34)
```

E no próximo ano, teremos:

```
user.copy("Peter", age = 35)
```

Uma nova instância de User é criada, em vez de simplesmente modificar a variável age da instância original. Assim, copiar faz parte do método que podemos usar para implementar a imutabilidade.

> Em programas funcionais, preferimos copiar um objeto, em vez de alterar suas variáveis.

Outra maneira de obter a imutabilidade é com a recursão. Analisaremos isso agora.

Recursão

A recursividade é uma propriedade de algumas funções. Em termos simples, uma função é recursiva se, em algum ponto do corpo, ela chama a si mesma. Se pararmos para pensar, isso parece estranho. Como `f` pode chamar `f` se `f` ainda não foi totalmente definida? Talvez você espere um loop infinito.

E, para deixar bem claro, se uma função recursiva for definida de forma errada, muito provavelmente teremos um loop infinito. Não posso deixar de incluir esta função:

```
def f():
    return f()
```

Essa é a função recursiva mais simples que existe. O que aconteceria se a chamássemos? Se não tem certeza, experimente. No Capítulo 1, vimos um exemplo de recursão. Aqui está ele novamente:

Java

```
void f(int i) {
 if (i > 99) {
 return;
 }
 else {
 System.out.println( i)
 return f(i+1)
 }
}
```

Nesse exemplo, nenhum estado é alterado.

Vejamos agora algo mais substancial.

Um Exemplo de Lista Encadeada

Veremos alguns códigos escritos de forma comum e mutável e como usar a abordagem funcional para torná-los imutáveis. O código a seguir define uma lista encadeada e acrescenta um `node` a ele. Primeiro, a abordagem imperativa. Perceba como ela usa a palavra-chave `var`, que denota uma variável mutável em Scala.

Scala

```
case class Node[A](data: A, var next: Option[Node[A]])

def nodeAppend[A](node: Node[A], toAppend: Node[A]): Node[A] = {
    if (node.next == None) {
        node.next = Some(toAppend)
    } else {
        var current = node
        while ( current.next != None) {
           current = current.next.getOrElse(current)
        }
        current.next = Some(toAppend)
    }
    node
}
```

Perceba como a variável next é `var`, o que faz dela uma variável mutável, e o método `nodeAppend` atualiza a variável current continuamente, que também é `var`. Gostaríamos de trocar as `vars` desse código por `vals`. Isso garantirá que não poderemos alterar as variáveis. Para realizar isso, usaremos uma nova função de alta ordem chamada `fold`. `fold` recebe um valor inicial e, depois, uma função que diz como combinar dois valores. Veja um exemplo simples que nos permite somar os números de uma lista:

Scala

```
val lst = List(1,2,3,4,5)

lst.fold(0)((m,n) => m + n) //O total dá 15
```

`fold` usa currying.[1] `fold` é usado quando sabemos como combinar duas coisas e queremos combinar várias delas. Vejamos agora como podemos usar `fold` com `copy` e recursão para tornar o exemplo da lista encadeada que vimos imutável.

```
case class Node[A](data: A, next: Option[Node[A]])

def nodeAppend[A](node: Node[A], toAppend: Node[A]): Node[A] =
  node.next.fold(node.copy(next = Some(toAppend)))(
        nxt => node.copy(next = Some(nodeAppend(nxt, toAppend))))
```

Sim, isso pode parecer confuso à primeira vista. Mas quando se acostumar com isso, você verá como esse método é mais curto, conciso e não altera nenhum estado! Esse é um uso bastante comum de `fold` e recursão. Vejamos mais exemplos. Em Java 8, o construto `stream` tem uma função chamada `reduce`. Ela é similar ao `reduce` de outras linguagens e é basicamente como `fold`. Veja um exemplo simples de soma de números usando `reduce`.

Java

```
List<Integer> integers = Arrays.asList(1, 2, 3, 4, 5);
Integer sum = integers.stream()
  .reduce(0, (a, b) -> a + b);
```

A variável `sum` será igual à soma dos números: 15. Quando começamos a pensar em termos de reduce e fold, em vez de realizar loops pelas coleções e alterar seus estados, perceberemos que o nível de abstração do nosso código aumentou. Ele será menos como a linguagem da máquina e mais parecido com o de uma pessoa. Vejamos mais alguns exemplos. Se temos uma função chamada `add`, como esta:

[1] Consulte o apêndice para saber qual é a definição de currying.

Java

```
public static int add(int a, int b) {
        return a + b;
}
```

em uma classe chamada `Utils`, então podemos fazer isto:

```
List<Integer> integers = Arrays.asList(1, 2, 3, 4, 5);
Integer sum = integers.stream()
  .reduce(0, Utils::add);
```

O pacote `java.util.stream` tem uma classe chamada `Collectors`. Ela, por sua vez, tem um método chamado `summingInt`. Com ele, podemos fazer o seguinte:

Java

```
List<Integer> integers = Arrays.asList(1, 2, 3, 4, 5);
Integer sum = integers.stream()
  .collect(Collectors.summingInt(Integer::intValue));
```

O Java 8 tem vários construtos expressivos para aumentar o nível de abstração do nosso código. Eles funcionam bem com números. Também existe uma função chamada `summingLong`, que faz a mesma coisa com `Longs`. E o que dizer de objetos? Considere o seguinte código:

Java

```
public class Item {

    private int id;
    private Integer price;

    public Item(int id, Integer price) {
        this.id = id;
        this.price = price;
    }

    // Getters and setters padrão
}
```

Vamos criar alguns objetos `Item`:

```
List<Integer> integers = Arrays.asList(1, 2, 3, 4, 5);
Integer sum = integers.stream()
  .collect(Collectors.summingInt(Integer::intValue));

public class Item {

    private int id;
    private Integer price;

    public Item(int id, Integer price) {
        this.id = id;
        this.price = price;
    }

    // Getters and setters padrão
}

Item item1 = new Item(1, 10);
Item item2 = new Item(2, 15);
Item item3 = new Item(3, 25);
Item item4 = new Item(4, 40);
```

Então, podemos fazer o seguinte usando a função `add` mencionada:

```
Integer sum = items.stream()
  .map(x -> x.getPrice())
  .reduce(0, Utils::add);
```

Talvez uma melhor abordagem, que não dependesse da função `Utils::add`, seria usar uma expressão lambda `(a, b) -> a + b`:

```
Integer sum = items.stream()
  .map(item -> item.getPrice())
  .reduce(0, (a, b) -> a + b);
```

Isso é elegante, compacto, fácil de ler e não altera nenhum estado.

E, combinado com uma expressão regular, não há fim para a expressividade que podemos obter. Considere os exemplos de string a seguir. Digamos que temos um espaço para uma delimitada string de palavras, cada uma contendo um número. Queremos somar esses números. A função `filter` filtra as strings que satisfazem certas condições, especificadas aqui por uma expressão regular. Isso nos permite fazer o seguinte:

```
String string = "Item1 10 Item2 25 Item3 30 Item4 45";

Integer sum = Arrays.stream(string.split(" "))
    .filter((s) -> s.matches("\\d+"))
    .mapToInt(Integer::valueOf)
    .sum();
```

Perceba o quanto isso faz com tão poucas linhas de código. Ademais, por meio desses exemplos, podemos começar a entender o papel dos streams na PF.

> Uma maneira de caracterizar a programação funcional é como a transformação de dados imutáveis ao passo que ela avança pelos streams.

Quer esses streams sejam streams explícitos, do tipo que encontramos no Java 8 ou na Scala, ou simplesmente coleções de dados, como listas encadeadas ou matrizes, a ideia é a mesma: estamos criando pipelines de dados imutáveis e, a cada etapa, nós os transformamos. Depois de um tempo, você talvez ache que analisar o processamento de dados dessa forma seja fácil e divertido e, talvez, menos propenso ao erro do que abordagens que fazem loops por dados e alteram as variáveis.

> Usar funções de alta ordem costuma ser uma forma mais concisa e compacta de tratar uma coleção de valores do que fazer um loop por ela e alterar o estado.

Vamos ver alguns exemplos de como a recursão e as funções de alta ordem se unem para criar pipelines de dados. Esses são alguns em Python. Digamos que queremos uma função que receba uma lista de inteiros positivos e, para cada inteiro *n*, exiba uma linha do caractere *a*, *n* vezes ao quadrado. Isso parece um pouco artificial, mas talvez seja uma sub-rotina em um programa de gráficos. Em Python, poderíamos fazer o seguinte:

Python

```
def print_row_of_as(ints):
        for k in map(lambda n: n*n, ints):
            print('a' * k)
```

Em Java ou Scala, por exemplo, `map` seria uma função de alta ordem. Em Python, ela é, de fato, uma classe, mas funciona como uma função de alta ordem.

Na verdade, um princípio da programação funcional é o de que, no mundo funcional, a diferença entre objeto e função começa a se desfazer. Em Python, podemos pensar em `map` ou `filter`, por exemplo, como funções ou objetos. Eu tendo a pensar nas coisas como funções, sempre que possível.

> Em muitas linguagens modernas, as funções *são* objetos. O contrário, ver objetos como funções, é mais trabalhoso.

Veja uma forma de conseguir fazer isso em Python. Suponhamos que queremos criar uma classe `Square` (ou seja, que eleva *x* ao quadrado). Podemos usar a função nativa `call` para fazer o seguinte. Vamos omitir tudo, com exceção daquilo de que precisamos para chegar ao ponto.

```
class Square:
    def __call__(self,n):
        return n * n
```

Então, poderíamos fazer:

```
f = Square()
print(f(3))
```

Isto exibirá `9`. Agora, o que é `Square`? É uma classe ou uma função? Tecnicamente, no nível da sintaxe, é uma classe. Mas em termos mais genéricos, é uma função. E foi muito fácil transformar essa classe em função.

> Em Scala, temos a função `apply`. Assim, de um ponto de vista mais alto, podemos enxergar as funções como objetos, e vice-versa.

Agora vamos voltar aos exemplos de como a recursão e as funções de alta ordem trabalham juntas. Concentremo-nos em mais exemplos de Python. Bem, o Python não tem uma função `fold`. Mas ele tem uma função `reduce`. Ela vem do pacote `functools`. Um exemplo simples que soma vários números é o seguinte:

```
from functools import reduce
reduce(lambda m,n: m+n, [1,2,3,4,5])
```

Isso retornará 15. É interessante que podemos fazer o mesmo com strings. Mas no caso das strings, a soma é uma concatenação. Nós temos:

```
from functools import reduce
reduce(Lambda s,t: s+t, ["a","b","c","d"])
```

Vejamos alguns outros usos básicos da recursão com mais alguns exemplos de Python. Primeiro, vamos calcular o comprimento de uma lista de forma recursiva. Para fazer isso, gostaria de usar a função `tail` da lista, que retorna todos os elementos dela em uma nova lista, com exceção do primeiro. Infelizmente, porém, o Python não tem uma função como essa. Mas não se preocupe, no Python 3, podemos empregar esta elegante solução:

```
def tail(lst):
    _, *tail = lst
    return tail
```

O _ poderia ter sido nomeado `head`, mas não precisamos disso para fazer a função funcionar. Assim, _ armazena de forma anônima o primeiro elemento de `lst`. A * faz com que `tail` armazene o restante do que há em `lst`. Agora podemos escrever nossa função `length`.

```
def length(lst):
    if lst == []:
        return 0
    else:
        return 1 + length(tail(lst))
```

Vamos usar a mesma ideia para somar uma lista de inteiros.

```
def sum(lst):
    if lst == []:
        return 0
    else:
        return lst[0] + sum(tail(lst))
```

Uma definição mais *pythônica* de `tail` seria:

```
def tail(lst):
    return [1:len(lst)]
```

Como vimos, a recursão é uma forma muito útil de evitar a alteração do estado. Talvez você saiba que a recursão se baseia em continuamente empurrar valores pela pilha e usá-los quando necessário. Se colocarmos valores demais na pilha, talvez tenhamos um erro de estouro desta. Embora a recursão dependa da pilha, a definição de recursão não a menciona explicitamente. Na verdade, é possível, em muitos casos, ter uma função recursiva que não dependa de empurrar valores pela pilha. O que acontece é que, nesses casos, o compilador consegue reescrever a função recursiva como um loop. Quando isso acontece, ela é chamada de função recursiva de cauda.

Recursão de Cauda

A característica identificadora que nos diz que uma função recursiva é uma função recursiva de cauda é se a última coisa a ser chamada no corpo da função for a própria função.

Vejamos um exemplo simples.

Scala

```
def printToZero(n: Int): Int = {
        if (n < 0)
            return 0
        println(n)
        printToZero((n-1))
    }
```

Essa função começa em `n`, segue adiante e exibe todos os números menores que `n` até, e incluindo, 0. No corpo da função, a última coisa a ser chamada é a própria função. *Isso* é uma função recursiva de cauda. Vejamos outro exemplo. Ele calcula o máximo divisor comum de dois inteiros positivos:

Scala

```
def gcd(a: Int, b: Int): Int =
  if (b == 0) a else gcd(b, a % b)
```

Em que uma função recursiva de cauda difere de uma função recursiva comum no que se refere a desempenho? Como uma função recursiva de cauda chama a si mesma, talvez você imagine que seja necessário pedir à pilha para implementá-la. Acontece que as funções recursivas comuns precisam inserir o argumento na pilha, mas as funções recursivas de cauda podem ser reescritas pelo compilador ou pelo preprocessador de uma forma que use um simples loop `for`. Assim, não existe a menor possibilidade de haver uma exceção de transbordamento de pilha.

Vejamos mais alguns exemplos. Como seria uma versão recursiva de cauda de `factorial`? Analisemos primeiro a versão direta de um `factorial` recursivo:

Scala

```
def factorial(n: Int): Int = {
    if (n == 0)
      1
    else
      n * factorial(n-1)
}
```

Como poderíamos transformá-lo em recursivo de cauda? Esta é uma maneira:

```
def factorial(n: Int): Int = {
        def fact(k: Int, result: Int): Int = {
            if (k == 0)
                return result
            else
                return fact(k-1, k * result)
        }
        fact(n, 1)
    }
```

Nesse caso, `factorial` define uma função no seu corpo, e essa função interna é recursiva de cauda. Tecnicamente, a função `factorial` não é recursiva de cauda, visto que ela não chama a si mesma, mas é tão boa quanto, visto que a implementação da pilha é substituída por um loop `for` no corpo da função.

Vejamos mais alguns exemplos. Vemos aqui uma versão recursiva de cauda de `fibonacci`. Primeiro, vamos ver a versão comum, não recursiva de cauda:

Java

```
int fibonacci(int n) {
    if (n == 0) {
        return 0
    } else if (n == 1) {
        return 1
    }
    return fibonacci(n-2) + fibonacci(n-1)
}
```

Esse tipo de recursão é chamada de recursão de árvore, porque o *formato* desse cálculo é o de uma árvore binária. Como sabemos bem, seu desempenho é terrível. E não é difícil ver por quê. Os mesmos cálculos são repetidos vez após vez. Uma solução seria escrever uma versão recursiva de cauda dessa função. Veja isso em Java:

Java

```
int fib(int n, int a, int b )
    {
        if (n == 0)
            return a;
        if (n == 1)
            return b;
        return fib(n - 1, b, a + b);
    }

int fibonacci(int n) {
    return fib(n, 0, 1)
}
```

Isso é especialmente elegante em Python, graças aos valores padrão `a` e `b`.

Python

```
def fib(n, a = 0, b = 1):
    if n == 0:
        return a
    if n == 1:
        return b
    return fib(n - 1, b, a + b)
```

Podemos obter essa elegância em JavaScript também:

JavaScript

```
function fib(n, a = 0, b = 1)
{
    if (n == 0){
        return a;
    }
    if (n == 1){
        return b;
    }
    return fib(n - 1, b, a + b);
}
```

Agora vamos tentar somar os elementos de uma matriz usando o método recursivo de cauda:

Python

```python
def arrSum(array, size, sum = 0):
        if size == 0:
                return sum

        return arrSum(array, size - 1,
                         sum + array[size - 1])
```

Java

```java
int arraySumHelper(int []array, int size, int sum)
{
    if (size == 0)
        return sum;

   return arraySumHelper(array, size - 1, sum + array[size - 1]);
}

int arraySum(int[] array) {
    return arraySumHelper(array, array.length, 0);
}
```

JavaScript

```javascript
function arrSum(array, size, sum = 0)
{
    if (size == 0)
        return sum;

    return arrSum(array, size - 1, sum + array[size - 1]);
}
```

> Em Scala, se inseríssemos a anotação `@tailrec` acima de uma função, isso garantiria que a implementação fosse recursiva de cauda. Senão, o compilador lançaria um erro.

O processo de reescrever uma função para tirar vantagem da recursão de cauda é chamada de otimização da chamada de cauda, ou TCO, segundo sua sigla em inglês.

> O Java não suporta a TCO diretamente no nível do compilador.

Mais Exemplos do Poder de fold em Scala

Comecemos com alguns exemplos simples. Suponhamos que temos uma função `max` que recebe dois números e retorna o maior. Agora queremos aplicá-la a uma lista de números. Vejamos como fazer isso usando as funções `max` e `fold`.

Scala

```
val lst = List(1,2,3,4,5)
val m = lst.fold(1)(_ max _)
```

> Em uma linha de código, podemos somar uma lista de números sem um loop for. Conciso, porém fácil de ler.

Suponhamos que temos uma lista de palavras e queremos a mais longa.

```
def getLongestWord(words: List[String]): String =
    words.reduce((a,b) => if (a.length > b.length) a else b)
```

Que tal uma função `product` simples que recebe uma lista de inteiros?

```
def product(lst: List[Int]): Int = lst.fold(1)(_ * _)
```

Vamos implementar o comprimento de uma `List` usando `fold`. Vou chamá-la de `count`, e ela receberá uma `List[Any]`.

Scala

```
def count(list: List[Any]): Int =
  list.foldLeft(0)((sum,_) => sum + 1)
```

Vejamos alguns exemplos mais complexos. Tente descobrir o que cada um deles faz. Chamarei as funções de `f1`, `f2` etc., para não dar nenhuma dica do que elas fazem:

```
def f1(list: List[Double]): Double =
  list.foldLeft(0.0)(_+_) / list.foldLeft(0.0)((r,c) => r+1)

def f2[A](list: List[A]): A =
  list.foldLeft[A](list.head)((_, c) => c)

def f3[A](list: List[A]): A =
  list.foldLeft( (list.head, list.tail.head) )((r, c) => (r._2, c) )._1

def f4[A](list: List[A]): List[A] =
  list.foldLeft(List[A]())((r,c) => c :: r)

def f5[A](list: List[A]): List[A] =
  list.foldLeft(List[A]()) { (r,c) =>
    if (r.contains(c)) r else c :: r
  }
```

Uma Conexão entre fold e Monoides

Aprendemos sobre monoides no Capítulo 3, e, no fim das contas, existe uma conexão maior entre os monoides e a função `fold`. Essa é uma área em que as funções de alta ordem e as estruturas de dados se juntam para produzir um meio de aumentar a abstração do nosso código, que é o resultado desejado da simplificação.

> Funções de alta ordem e estruturas de dados funcionais costumam se juntar para criar abstrações que podem simplificar nosso código.

Vamos começar relembrando a definição de monoide.

Como mencionado antes, no Capítulo 3, um semigrupo é um conjunto com uma operação associativa nele. Se um semigrupo tem um elemento de identidade, ou seja, um elemento *e*, no semigrupo, com a propriedade que:

$$e * x = x * e = x$$

Para todos os elementos *x* do semigrupo, esse semigrupo será chamado de monoide.

Vamos começar implementando uma trait `Monoid` em Scala. Essa seria uma implementação básica para fins de aprendizado. Então, examinaremos sua conexão com a função `fold`:

```
trait Monoid[A] {
    def combine(x: A, y: A): A
    def empty: A
}
```

`combine` é uma operação binária, e `empty` representa coisas como 0, a string vazia, falso ou verdadeiro (dependendo do que combine fizer) e, em geral, esse objeto, quando combinado com outro objeto, retorna o mesmo objeto. Vejamos algumas instâncias.

```
class IntMonoid extends Monoid[Int] {
    def combine(m: Int, n: Int): Int = m + n
    def empty: Int = 0
}
```

Mas o que isso tem a ver com `fold`? Você talvez perceba que essa trait oferece *justamente* aquilo de que precisamos para `fold`. Precisamos de uma maneira de combinar dois objetos para obter um terceiro e um objeto inicial, que essencialmente não exerce nenhum efeito ao ser combinado com outros objetos. Se quiséssemos, poderíamos tê-la chamado de `Monoid Foldable`. Vamos aplicar `fold` a uma lista de inteiros usando a classe `IntMonoid`.

```
val monoid = new IntMonoid
val lst = (1 to 1000).toList
lst.fold(monoid.empty)(combine)
```

Vemos aqui que os monoides vão direto ao âmago da questão da dobra. Perceba também o quão pouco precisamos mudar se quisermos concatenar strings, em vez de somar inteiros. Podemos fazer o seguinte:

```
class StringMonoid extends Monoid[String] {
    def combine(s: String, t: String): String =  s + t
    def empty: String = ""
}

val lst = List("a","b","c","d")
val monoid = new StringMonoid
lst.fold(monoid.empty)(monoid.combine)
```

Agora vamos usar `and` com alguns booleanos.

```
class AndMonoid extends Monoid[Boolean] {
    def combine(x: Boolean, y: Boolean): Boolean = x && y
    def empty: Boolean = true
}

val lst = List(false, true, true, true)
val monoid = new AndMonoid
lst.fold(monoid.empty)(monoid.combine) // retorna false
```

De modo similar com `or`:

```
class OrMonoid extends Monoid[Boolean] {
    def combine(x: Boolean, y: Boolean): Boolean = x || y
    def empty: Boolean = false
}

val lst = List(false, true, true, true)
val monoid = new AndMonoid
lst.fold(monoid.empty)(monoid.combine) // retorna true
```

Veja mais alguns exemplos. Perceba quantos padrões de computação diferentes são instâncias do conceito `Monoid`.

```
class ProductMonoid extends Monoid[Double]{
    def combine(x: Double, y: Double): Double = x * y
    def empty: Double = 1.0
}

val lst = List(1.0, 2.0, 3.0, 4.0)
monoid = new ProductMonoid[Double]
lst.fold(monoid.empty)(monoid.combine) //retorna 24.0
```

Talvez você tenha percebido que podemos computar `factorial` assim:

```
class IntProductMonoid extends Monoid[Int] {
    def combine(x: Int, y: Int): Int = x * y
    def empty: Int = 1
}

monoid = new ProductMonoid

def factorial(n: Int): Int =
    (1 to n).toList.fold(monoid.empty)(monoid.combine)
```

Ou a *versão sum* de `factorial` — somando os números de 1 a *n*. Esse número é chamado de enésimo número triangular. Os números triangulares começam com: 1, 3, 6, 10, 15...

```
class IntTriangularMonoid extends Monoid[Int] {
    def combine(x: Int, y: Int): Int = x + y
    def empty: Int = 0
}
    monoid = new IntTriangularMonoid

    def nthTriangularNumber(n: Int) =
        (1 to n).toList.fold(monoid.empty)(monoid.combine)
```

Lembre-se de que combine deve ser associativa. Para todo x, y e z, devemos ter:

```
combine(combine(x,y), z) == combine(x, combine(y,z))
```

Perceba também que todos esses exemplos envolveram monoid.empty e monoid.combine. Assim, poderíamos definir a seguinte função geral para um monoide m:

```
def f[A](lst: List[A]): A = lst.fold(m.empty)(m.combine)
```

Essa função geral é genérica o suficiente para expressar todos os exemplos anteriores! Podemos até dizer que todos esses exemplos são a mesma função, parametrizada por diversos monoides.

Mais com Funções de Alta Ordem

fold é uma função de alta ordem. Ela recebe uma função como um de seus parâmetros. O padrão geral é o de que precisamos de uma List ou de outra coleção de objetos. E chamamos uma função f de alta ordem para a coleção e passamos uma função que faz algo com os elementos dessa coleção. Essa é a ideia geral. Vejamos alguns exemplos da mais simples das funções de alta ordem: map. map costuma ser chamada para um contêiner, como uma List ou até uma Option. Na verdade, ela pode ser chamada para qualquer *monad*. Como explicado no Capítulo 3, todas as *monads* são functores, e os functores sempre têm uma função map.

Sem map, sempre que quiséssemos modificar os elementos de uma coleção, teríamos de iterar por meio da coleção e alterar o estado ao fazer isso. Vejamos alguns exemplos.

Digamos que queremos pegar os primeiros inteiros n positivos, elevá-los ao quadrado e somá-los. Veja uma função em Scala que faz isso:

Scala

```
def sumOfSquares(n: Int) = (1 to n).toList.map(m => m*m).sum
```

O nível de abstração é maior do que o de uma versão imperativa disso, e eu diria que ela é mais fácil de ler quando nos acostumamos com a ideia. Poderíamos ter usado fold, em vez de sum, se quiséssemos enfatizar os padrões comuns ao longo do programa. Isso seria mais ou menos assim:

```
def sumOfSquares(n: Int) = (1 to n).toList.map(m => m*m).fold(0)(_ + _)
```

O objetivo é maximizar a legibilidade *e* a concisão. Dissemos que poderíamos usar a função `fold` para enfatizar a estrutura comum do programa. A ideia é a de que todas as instâncias de, digamos, `fold` em um programa são instâncias de uma estrutura comum. Os exemplos de `map` que vimos têm outra estrutura comum. *Visto que* são exemplos de `map`, isso significa que temos um functor escondido em algum lugar. Vejamos se podemos deixar isso mais claro. Se você fizer isso o suficiente, verá uma função como `sumOfSquares` e pensará imediatamente em *Functor* e *Monoide*. Primeiro, vamos escrever uma trait para `Functor` e expressar a `sumOfSquares` com ela.

```
trait Functor[F[_]] {
  def map[A, B](fa: F[A])(f: A => B): F[B]
}
```

Aqui, `F` é o functor. A função `map` recebe um elemento de `F[A]`, uma função `f: A -> B`, e retorna um elemento de `F[B]`. Pense em F como uma `List` ou um `Option` ou outro `Functor` (*monads* servirão, visto que também são functores).

Agora vamos criar uma `listFunctor`.

```
val listFunctor: Functor[List] = new Functor[List] {
    def map[A, B](ls: List[A])(f: A => B) = ls.map(x => f(x))
}

def sumOfSquares(n: Int): Int =
      listFunctor.map((1 to n).toList)(m => m*m).fold(0)(_ + _)
```

Assim, `sumOfSquares` acaba sendo uma combinação de um `Functor` e do uso de `fold`. Eu não gostaria de somar quadrados fora do contexto educativo, então vamos pensar em algo que eu gostaria de fazer. Que tal dizer se um inteiro positivo é um número primo? Lembre-se que um número primo é um inteiro positivo que tem exatamente dois fatores.[2] Como podemos expressar essa funcionalidade?

```
private def isPrime(n: Int): Boolean =
   (2 to (n - 1)).forall(n % _ != 0)
```

`forall` aqui é uma função de alta ordem que garante que a condição que ela recebe como argumento seja verdadeira para todos os números em `(2 to (n-`

2 A definição comum diz que um número primo é um inteiro com pelo menos dois fatores e que 1 é uma exceção. Mas 1 não é *realmente* um número primo. Todos os inteiros positivos podem ser escritos como produtos da potência de números primos de uma forma única, até à ordem dos fatores. Se 1 fosse um número primo, teríamos 1 = 1*1 e 1 = 1*1*1 etc. Assim, 1 se comporta de forma diferente dos números primos.

1)). Na prática, isso diz que todos os números entre 2 e n - 1 inclusive não são 0 mod n. Em outras palavras, nenhum número consegue dividir n. Essa função funciona, mas há um inconveniente matemático nela. Consegue identificá-lo? Dica: tem a ver com (2 to (n-1)). A versão melhor a seguir deixará o problema mais claro.

```
def isPrime(n: Int): Boolean =
    (2 to math.sqrt(n).toInt).forall(n % _ != 0)
```

O motivo de isso ser melhor e de a primeira versão, como um algoritmo, não ser tão boa é que ela verifica todos os inteiros até um menos esse número. Mas pense no seguinte: se k divide n, então k ou n/k é menor ou igual a sqrt(n). Se ambos fossem maior que sqrt(n), então seu produto seria maior do que n. Mas o produto deles é n. Então k ou n/k é menor ou igual a sqrt(n). Assim, quando estamos verificando se um inteiro é um número primo, precisamos apenas verificar a raiz quadrada dele.

Observação matemática: para saber se um número é primo, precisamos apenas verificar os divisores até (e inclusive) a raiz quadrada desse número.

Como exemplo de uma função que nos diz se um inteiro é um número primo e que faz isso de uma forma funcional, a isPrime, vista anteriormente, é um belo exemplo. Ela não muda nada, e seu uso da função de alta ordem **forall** torna tudo conciso.

De map para flatMap

Vimos no Capítulo 3 que, embora os functores sempre tenham uma função map, as *monads* sempre terão uma função map *e* flatMap. Vejamos mais alguns exemplos de flatMap. Primeiro, suponhamos que temos uma classe User e uma função getUser que retorna um usuário com base em um id.

```
case class User(id: Int, firstName: String)

def getUser(Id: Int): User = ???
```

Usar ???, em Scala, é uma forma de dizer ao compilador: *Eu não terminei, mas compile mesmo assim*. Esse é um modo útil de escrever um código. Suponhamos que getUser retorne um null caso o id não bata com nenhum usuário.

E digamos que queremos encontrar os usuários que correspondam aos `ids` de 1 a 10 e, com base neles, obter os seus nomes. Podemos fazer o seguinte:

Scala

```
(1 to 10).toList.map(id => getUser(id))
```

Isso gerará uma lista de elementos, sendo que cada um deles será um `User` ou um `null`. Primeiro vamos trabalhar o `null`. É óbvio que podemos e devemos usar um `Option` aqui. Assim eliminaremos a possibilidade de haver uma `NullPointerException`, e o compilador verá que tudo está bem. Desse modo, agora temos:

```
case class User(id: Int, firstName: String)

def getUser(id: Int): Option[User]
```

Agora, quando avaliamos

```
(1 to 3).map(id => getUser(id))
```

temos algo como

```
List(Some(User(1, "Carl")), None, Some(User(3,"Mary")))
```

Mas não queremos nem os `Somes` nem os `Nones`. Queremos apenas o nome dos usuários que correspondem aos `ids`. Bem, existe uma função que nos dá justamente isso:

```
(1 to 3).flatMap(id => getUser(id))
```

Que retornará:

```
List(User(1,"Carl"), User(3, "Mary"))
```

Perfeito! O que `flatMap` faz é mapear primeiro e, então, nivelar. Nivelar significa remover um objeto do functor que o armazena e descartar casos de falhas. No caso de `Options`, o caso de falha é `None`. Para entender `flatMap` melhor, vejamos sua assinatura. Ela é genericamente definida como uma *monad*. Lembre-se: podemos definir uma *monad*, em termos gerais, como uma trait ou interface que implementa `map` e `flatMap`.

```
trait Monad[M[_]] {
    def flatMap[A,B](ma: M[A])(f: A => M[B]): M[B]
}
```

Lembre-se também de que uma *monad* fornece *contexto* ao objeto. Ou você pode pensar nela como um contêiner ao redor de um objeto que tem uma função `map` e `flatMap`. A função `f` dessa assinatura `flatMap` retorna um objeto `B` dentro do contexto `M`. Assim, se o mapearmos, teremos, digamos, uma lista de `M[B]s`. Talvez queiramos acessar os `Bs` diretamente, e é aí que entra `flatMap`. Vejamos mais alguns exemplos de `flatMap`. Como `flatMap` mapeia e nivela, e uma string é uma lista de caracteres, o que você acha que este código faz?

```
val ls = List("Hello", "World")
ls.flatMap(s => s.toUpperCase)
```

Ele avalia `List(H, E, L, L, O, W, O, R, L, D)`, coloca cada palavra em letras maiúsculas e as nivela.

Vejamos mais exemplos. Suponhamos que temos uma lista de inteiros e queremos substituir essa lista por outra que contém cada inteiro que aparece duas vezes. Então `List(1,2,3)` seria mapeada em `List(1,1,2,2,3,3)`. Veja o código para isso.

```
def doubleUpInts(ls: List[Int]): List[Int] =
    ls.flatMap(i => List(i, i))
```

Para ver por que `flatMap` é necessário, vejamos o que aconteceria se substituíssemos `flatMap` no exemplo anterior por `map`. Teríamos:

```
def doubleUpInts(ls: List[Int]) = ls.map(i => List(i, i))
```

Perceba que não inclui o tipo return. Isso porque, se inserisse `List[Int]` como o tipo de retorno, o programa não seria compilado. O tipo true return dessa função é `List[List[Int]]`. `flatMap` *nivela* isso para `List[Int]`.

Conclusão

Sabemos que a imutabilidade é uma das coisas mais importantes da PF. Neste capítulo, vimos várias técnicas para manter imutável o estado dos nossos programas. A recursão nos permite não fazer um loop pelas variáveis e alterar o estado. Em vez disso, dentro de uma função em que, anteriormente, teríamos alterado o estado, agora podemos chamar a mesma função em que estamos com argumentos diferentes. Também precisamos continuar a verificar continuamente algumas condições que os argumentos satisfazem e retornar no momento apropriado. Se não fizermos isso, podemos acabar com um loop infinito em nossas mãos.

Precisamos tomar cuidado com o estouro de pilha, apesar da grande quantidade de RAM que nossas máquinas têm. Ao lidar com uma grande quantidade de dados, isso sempre é uma possibilidade. Se possível, podemos transformar nossas funções recursivas em recursivas de cauda, o que significa que a última coisa que ela fará em seu corpo é chamar a si mesma. Essas funções podem ser otimizadas e reimplementadas com um loop `for`, em vez de usar a pilha.

> Tenha cuidado com o transbordamento de pilha ao usar uma função recursiva em um grande conjunto de dados. Use funções recursivas de cauda quando possível.

Também vimos como funções de alta ordem podem nos ajudar a evitar alterar o estado em loops `for` e `while`. No processo de analisar esses exemplos, vimos como, a partir de um processo, nesse caso, usando um `Functor` e a função `fold`, podemos criar funções aparentemente diferentes. Escrevemos uma função que, para um monoide `m`, gerava uma nova função. Veja a função a seguir:

Scala

```
def f[A](lst: List[A]): A = lst.fold(m.empty)(m.combine)
```

Na verdade, isso é um padrão, o que gosto de chamar de padrão Monoide e Fold.

Por último, analisamos em mais detalhes a função de alta ordem `flatMap`. Essa é uma função muito importante porque, junto com `map`, inclui a *monad*.

Incentivo o leitor a criar mais padrões como o Monoide e Fold. Talvez, começando com uma *monad*, em vez de com um monoide, e testando várias funções de alta ordem além de `fold`, novos padrões possam ser descobertos.

CAPÍTULO 6

Questões de Simultaneidade

Vou começar este capítulo com uma frase que soa um tanto mística: sem alteração de estado, podemos ignorar o tempo.

Vamos entender isso melhor. Primeiro, o que o tempo tem a ver com a alteração de estado ou com a programação? O tempo entra na programação quando temos um conjunto de processos que precisam ser executados em uma ordem específica.

Vejamos o seguinte exemplo.[1] Consideremos duas funções. A primeira transforma x em $x + 1$. E a segunda transforma x em $x \times x$. Suponhamos que x seja 10. Agora imaginemos que essas duas funções sejam executadas ao mesmo tempo. Qual seria a resposta? Você ficaria surpreso em saber que existem cinco possíveis respostas corretas!? Vamos por partes. Suponhamos que $P1 = x \rightarrow x \times x$ e $P2 = x \rightarrow x+1$

- Se *P1* transforma x em 100 e, então, *P2* transforma 100 em 101, temos 101.
- Se *P2* transforma x em 11 e, então, *P1* transforma 11 em 121, temos 121.
- *P2* transforma 10 em 11 entre as duas ocasiões em que *P1* acessa o valor de x durante a execução de $x \times x$. Neste caso, temos 110.
- P2 acessa x. Então *P1* transforma x em 100. Então *P2* transforma x. Isso dá 10.
- *P1* acessa x duas vezes. Então *P2* transforma x em 11. Então *P1* transforma x. Isso dá 100.

[1] Esse exemplo foi tirado da *Estrutura e Interpretação de Programas de Computador*, de Harold Abelson, Jerry Sussman e Julie Sussman (MIT Press): *https://mitpress.mit.edu/ sites/default/files/sicp/index.html*

Qual é a resposta correta: 101, 121, 110, 10 ou 100? Bem, depende da intenção do programador. O ponto é que, se simplesmente deixarmos *P1* e *P2* rodarem em paralelo, não poderemos ter certeza de qual resposta será retornada. O motivo disso é que o computador poderá decidir avaliar essas duas funções em qualquer uma das ordens descritas.

> Quando o estado é alterado, a ordem na qual os processos são executados importa.

Assim, o que fazer quanto a isso? O ideal seria termos estados não mutáveis compartilhados. O que seria um estado mutável compartilhado? Compartilhado significa que pelo menos duas linhas diferentes o acessam, e mutável significa que ele muda. É aí que os problemas podem surgir. Sem o estado mutável compartilhado, a ordem na qual as funções são chamadas não importa. Se não for possível evitar o estado mutável compartilhado, encapsulá-lo seria a segunda melhor opção. A ideia aqui seria manter o estado mutável compartilhado na menor região possível.

Um modelo de programação especialmente adequado para estados mutáveis compartilhados e encapsulados é o modelo de atores. Vamos examinar isso a seguir.

Segundo a página da Wikipédia sobre o modelo de atores *(https://oreil.ly/rYgis)*:

> O modelo de atores, na ciência da computação, é um modelo matemático de cálculos simultâneos que trata o ator como a base universal da computação simultânea. Em resposta à mensagem que recebe, um ator pode: tomar decisões locais, criar mais atores, enviar mais mensagens e determinar como responder à próxima mensagem recebida. Os atores podem modificar seu próprio estado particular, mas só podem afetar uns aos outros de forma indireta, através de mensagens (eliminando a necessidade de sincronização baseada em travamentos).

A sincronização baseada em travamentos é quando permitirmos que um trecho de código seja acessado apenas uma por uma linha de cada vez. Essa é uma das abordagens principais e tradicionais para o problema do estado mutável compartilhado.

O modelo de atores fornece um alto nível de abstração para a escrita de sistemas simultâneos e distribuídos. Ele tira das costas do desenvolvedor a obrigação de lidar com o travamento explícito e com a gestão de linhas, facilitando a escrita de sistemas simultâneos e paralelos corretos.

Os atores foram definidos em um artigo de 1973 de Carl Hewitt, mas foram popularizados pela linguagem Erlang e usados, por exemplo, na Ericsson com grande sucesso para a criação de sistemas de telecomunicação altamente simultâneos e confiáveis. A biblioteca Akka Actor é uma biblioteca da Scala/Java que tomou emprestada parte da sua sintaxe da Erlang. Os atores são, de certa forma, como objetos, mas tendem a estar em um nível mais alto de abstração. Isso significa que os atores tendem a representar questões de corte cruzado, como `Logging` e `Security`, em vez de objetos do tipo POO, como `User` e `Message`, embora possam representar esses últimos também. O ponto principal a se lembrar sobre esses atores é que eles facilitam muito a simultaneidade em diversos casos.

Mas como os atores funcionam? A ideia fundamental é a de que cada ator tem sua própria *caixa de correio*, ou seja, um contêiner que armazena uma coleção de mensagens. Outros atores enviam essas mensagens para o primeiro ator, e as mensagens são depositadas na caixa de correio dele. Então, o ator processa as mensagens uma de cada vez. Ele também recebe um ponteiro para enviar caso deseje retornar uma mensagem. As mensagens são imutáveis. Enviar mensagens mutáveis daria ao modelo a difícil tarefa de administrar o estado mutável, em especial quando várias linhas modificam o estado.

Como as mensagens são imutáveis e processadas uma de cada vez, não existe a possibilidade de termos um estado corrompido, alterado ou compartilhado.

A biblioteca Akka, uma biblioteca bem integrada à Scala, fornece atores e sua infraestrutura. No que se refere ao desempenho, os atores da Akka conseguem lidar com 50 milhões de mensagens/segundo em uma única máquina! Parte do que torna isso possível é a imutabilidade das mensagens. Em Scala, usamos objetos case[2] para representar as mensagens.

[2] Consulte o apêndice para mais informações sobre objetos case.

A ideia básica é a de que criamos atores e enviamos mensagens a eles dizendo-lhes para fazer algo. Enviar mensagens se parece com chamar um método para um objeto. Na verdade, algumas linguagens de programação orientadas a objetos mais antigas, em especial a SmallTalk, passava mensagens, em vez de chamar métodos. Essa é uma alternativa viável aos métodos ao se criar uma linguagem orientada a objetos, embora os métodos sejam muito mais populares.

A abordagem geral ao se usar atores é considerar o que estamos modelando da perspectiva da comunicação, decidir quais são os agentes principais e como eles se comunicarão uns com os outros e criarão atores para representá-los.

Vejamos um código que implementa uma miniversão do jogo Pong. Existem dois tipos de atores: tipado e não tipado. Os atores tipados são um padrão mais recente. Nós usaremos os atores não tipados para os nossos exemplos porque eles são mais simples e podemos nos concentrar mais nas ideias fundamentais. Veremos classes como `Actor`, `ActorRef` e `ActorSystem` no código a seguir. Elas serão explicadas logo depois.

Scala

```
case object PingMessage
case object PongMessage
case object StartMessage
case object StopMessage

class Ping(pong: ActorRef) extends Actor {
  var count = 0
  def incrementAndPrint { count += 1; println("ping") }
  def receive = {
    case StartMessage =>
        incrementAndPrint
        pong ! PingMessage
    case PongMessage =>
        incrementAndPrint
        if (count > 99) {
          sender ! StopMessage
          context.stop(self)
        } else {
          sender ! PingMessage
        }
  }
}
```

```
class Pong extends Actor {
  def receive = {
    case PingMessage =>
        println("  pong")
        sender ! PongMessage
    case StopMessage =>
        context.stop(self)
  }
}


object PingPongTest extends App {
  val system = ActorSystem("PingPongSystem")
  val pong = system.actorOf(Props[Pong], name = "pong")
  val ping = system.actorOf(Props(new Ping(pong)), name = "ping")
  // inicialização
  ping ! StartMessage
}

ping ! PongMessage
```

Essa última linha significa que estamos enviando a mensagem `PongMessage` ao ator `ping`. Isso dará o pontapé inicial, por assim dizer.

Vemos nessa definição da classe `Ping` que existe um parâmetro chamado `pong`, que tem o tipo `ActorRef` (e não `Actor`). Essa é uma manipulação imutável de um ator, que pode ou não residir no mesmo hospedeiro.

Também temos a classe `ActorSystem`. Ela é o contexto de `Actor`, e é `ActorSystem` que cria atores.

A biblioteca Akka oferece dois conceitos fundamentais: Actors (Atores) e Streams (Fluxos). Analisamos os atores brevemente, e agora analisaremos os fluxos. Falando nisso, os fluxos são implementados por meio dos atores.

Fluxos (*Streams*)

Analisemos os fluxos agora. Em termos gerais, um fluxo é um contêiner potencialmente infinito e sequencial de dados. Ele nos permite modificar e processar porções de dados, ao passo que elas "avançam" pelo fluxo. De certa forma, um fluxo é uma generalização de uma coleção comum. De uma perspectiva funcional, a ideia é a seguinte: por um lado, poderíamos ter um objeto na memória, e os campos desse objeto mudam com o tempo. Esse é o padrão do paradigma imperativo ou orientado a objetos do estado mutável. Com um fluxo, em um programa funcional, temos uma área de memória, objetos que entram no fluxo e objetos que saem do fluxo.

> Mas em vez de um estado mutável, podemos pensar nesses últimos objetos como sendo uma etapa evolucional tardia de um objeto anterior sem qualquer noção de tempo.

Pense nisso como algo similar ao exemplo de uma variável x que inclui inteiros positivos. Poderíamos pensar em x mudando com o tempo: $t = 1$, $t = 2$, $t = 3$ etc. Ou poderíamos pensar em x como uma função que existe durante todo o tempo. Nesse caso, nada mudou. Um fluxo pode ser encarado da mesma forma. É uma questão de perspectiva. Existem muitas bibliotecas de fluxo, e elas variam em design e objetivo. Veremos algumas de diversas linguagens de programação.

Akka Streams

Como os Akka Streams funcionam? Na verdade, os Akka Streams são implementados com Akka Actors às ocultas. Para começar, como os Akka Streams são atores embutidos, precisamos de um `ActorSystem`, assim como no caso dos atores.

Scala

```
implicit val system: ActorSystem = ActorSystem("StreamExample")
```

Vamos importar também as classes Stream relacionadas das quais precisamos:

```
import akka.stream._
import akka.stream.scaladsl._
```

Em Akka, um fluxo é composto por três partes fundamentais. A primeira é a `Source`, a segunda é o `Flow`, e a terceira é o `Sink`.

Source

A Source ou fonte de um fluxo é justamente o que parece. É nesse ponto que os dados entram no fluxo. A Akka oferece muitas Sources pré-construídas. Vejamos algumas. Esta é uma simples:

Scala

```
val source = Source(1 to 1000)
```

É importante destacar aqui que, na verdade, a variável da `source` não contém algo. É apenas uma descrição de como emitir integeiros. Para obtê-los, precisamos executar a fonte. Esse é um tema funcional importante. Fazemos uma distinção clara entre a versão *pura* de um programa e a *parte impura* quando o programa está rodando. É quando está rodando que ele pode sofrer efeitos colaterais. São esses efeitos colaterais, como exibir um retorno padrão ou lançar uma exceção, que fazem do estado de exceção *impuro*. O paradigma de descrever um cálculo e executá-lo apenas quando explicitamente orientado a fazer isso é um processo avançado e funcional. Analisaremos esse processo no Capítulo 7.

Existem muitas funções de execução úteis. Veja um exemplo.

Scala

```
source.runForEach(i => println(i))
```

Assim como a descrição de um processo, uma source pode ser reutilizada.[3] Vejamos um exemplo que pega essa source e a grava em arquivo.

Scala

```
source.runWith(FileIO.toPath(Paths.get("numbers.txt")
```

Flow

Entre a `Source` e o `Sink`, temos os flows (outra palavra em inglês para fluxo). Os flows pegam os dados que chegam e criam dados com base neles. Isso é realizado em vez da alteração do estado deles. Veja um exemplo ampliado:

[3] Diferentemente de um iterador, por exemplo.

Scala

```
import akka.actor.ActorSystem
import akka.stream.ActorMaterializer
import akka.stream.scaladsl.{Sink, Source}
import java.io.File

implicit val actorSystem = ActorSystem("system")
implicit val actorMaterializer = ActorMaterializer()

val source = Source(List("test1.txt", "test2.txt", "test3.txt"))
val mapper = Flow[String].map(new File(_))
val existsFilter = Flow[File].filter(_.exists())
val lengthZeroFilter = Flow[File].filter(_.length() != 0)
val sink = Sink.foreach[File](f => println(s"Absolute path: ${f.getAbsolutePath}"))

val stream = source
  .via(mapper)
  .via(existsFilter)
  .via(lengthZeroFilter)
  .to(sink)

stream.run()
```

Como dissemos, um fluxo em Akka não é executado desde o início. Primeiro, ele é uma descrição de uma computação de fluxo. Ele deve ser *materializado*, e é por isso que importamos implicitamente a classe `ActorMaterializer`. Na variável sink, `println` só acontece quando chegamos na linha `stream.run()`. É aí que a descrição do cálculo se transforma em uma verdadeira computação.

Sink

Analisemos agora o `Sink` de um fluxo. Se uma `source` é de onde os dados vêm, o `Sink` é para onde os dados vão. Um `Sink` é um operador com apenas uma entrada que exige e aceita elementos de dados, possivelmente reduzindo a produção de elementos. Essa redução é conhecida como pressão traseira, e o fato de que ela vem gratuitamente com os Akka Streams é um ponto adicional considerável. Veja alguns exemplos:

Scala

```
val source = Source(1 to 10)
val sink = Sink.fold[Int, Int](0)(_ + _)
val sum: Future[Int] = source.runWith(sink)
```

Assim como a `Source`, `Sink` é apenas uma descrição de cálculo. O valor verdadeiro deve ser *materializado* ao ser chamado.

Esses exemplos somam os números de uma `source`.

Assim, vimos como usar uma `source` com um `Flow` ou `Flows` e com um `Sink` para criar uma computação de fluxo. Os Akka Streams podem fazer muito mais do que isso. Para saber mais sobre eles, um bom lugar para começar é pelo Akka Documentation (*https://oreil.ly/jblSQ* — conteúdo em inglês).

Mais sobre Fluxos

Agora que vimos alguns exemplos de como os fluxos podem ser implementados, analisemos os fluxos de uma forma mais fundamental e como eles se enquadram no paradigma funcional.

> Com certeza, é possível escrever fluxos que alteram os estados. Mas cuidado! Isso significa que eles não são fluxos totalmente funcionais.

Mas nos concentraremos nos fluxos puramente funcionais. Vamos considerá-los a partir de um ponto de vista mais genérico e teórico. Os fluxos nem sempre são usados assim, mas essa é uma maneira de encará-los que é particularmente funcional. Consideraremos uma situação bastante específica. Temos um fluxo `S` e uma sequência de objetos x_n no fluxo, em que `n` inclui os inteiros positivos. Assim, em diversas ocasiões, o fluxo conterá x_1, x_2, x_3 etc. Na verdade, vamos simplificar ainda mais e dizer que, em um tempo `n`, o fluxo S contém apenas um objeto, o x_n. Como os subscritos representam o tempo, estamos inclinados a pensar nos objetos como que *fluindo* ou passando pelo fluxo ao longo do tempo. Também estamos inclinados a pensar nos objetos x_n como que mudando. Mas existe outra forma de encarar essa situação, ou seja, que x_n é um *aspecto* de um objeto `x` maior. `x` pode existir em vários estados.

> Então `x` tem diferentes estados. No tempo `n`, `x` é um estado x_n. Quando encaramos dessa forma, podemos ver `x` como um objeto imutável que existe em todo o tempo de uma única vez.

Não é x_n que se transforma em x_{n+1}, mas sim x_n e x_{n+1} e todos os outros x_i que existem ao mesmo tempo para formar `x`. Ao nível do código, usamos todos os dados imutáveis e criamos objetos x_n no fluxo para diferentes valores de `n`. É uma questão de perspectiva. De modo que existe um objeto imutável chamado `x` que podemos escrever como (x_n). Quando pensamos em `x`, nós o vemos como um objeto completo e imutável. Quando pensamos no fluxo como contendo x_n no tempo n, parece que ele muda, mas isso é uma ilusão baseada no fato de que não vemos x como um objeto completo.

Dissemos que podemos ter fluxos que mudam de estado. É preciso bastante trabalho para garantir que nenhum estado seja alterado, mas existem algumas boas bibliotecas que podem fazer isso por nós. A mais popular é a conhecida como FS2.

FS2: Functional Streams for Scala

Nesta seção, veremos alguns fluxos a partir de uma perspectiva funcional.

É como diz o site da FS2 *(https://oreil.ly/ykxk5)*:

> A FS2 é uma biblioteca para o processamento de fluxos puramente funcionais, eficazes e polimórficos na linguagem de programação Scala. O objetivo do seu design é a composicionalidade, expressividade, segurança de recursos e velocidade. Seu nome foi modificado para Functional Stream for Scala (FSS ou FS2).

A FS2 foi construída com base em duas bibliotecas funcionais para Scala, Cats e Cats Effects. Para usá-la, simplesmente inclua a seguinte configuração no seu arquivo *build.sbt*.

```
// disponível para 2.12, 2.13, 3.0
libraryDependencies += "co.fs2" %% "fs2-core" % "<version>"
```

Vejamos um breve exemplo de como a FS2 funciona. Perceba como ela usa o *programa como descrição e, então, executa* o modelo. Existe uma classe chamada IO, da biblioteca Cats Effects, que descreveremos em mais detalhes no capítulo 7. Por enquanto, pense nela como `Future`. Ela armazena um valor quando o processo completa sua ação. Na verdade, a variável `converter` não faz nada. Ela apenas descreve o programa. Então, quando a função `run` é chamada, o programa realmente faz o que deveria.

```
import cats.effect.{IO, IOApp}
import fs2.{Stream, text}
import fs2.io.file.{Files, Path}
```

```
object Converter extends IOApp.Simple {

  val converter: Stream[IO, Unit] = {
    def fahrenheitToCelsius(f: Double): Double =
      (f - 32.0) * (5.0/9.0)

    Files[IO].readAll(Path("testdata/fahrenheit.txt"))
      .through(text.utf8.decode)
      .through(text.lines)
      .filter(s => !s.trim.isEmpty && !s.startsWith("//"))
      .map(line => fahrenheitToCelsius(line.toDouble).toString)
      .intersperse("\n")
      .through(text.utf8.encode)
      .through(Files[IO].writeAll(Path("testdata/celsius.txt")))
  }

  def run: IO[Unit] =
    converter.compile.drain
}
```

O objeto `converter` é um fluxo, e `converter.compile` o executa. `drain` aguarda a conclusão do fluxo. Ele basicamente bloqueia até que o fluxo seja concluído. Cada uma dessas linhas chamadas *modifica* o texto realizando alguma operação e criando um trecho de texto. Esse código é puramente funcional. Nenhum estado é modificado. Eles são simplesmente substituídos por uma nova linha que foi processada de alguma forma.

A seguir, temos um exemplo de contagem de palavras:

```
def readAndWriteFile(readFrom: String, writeTo: String): Stream[IO, Unit] =
    Stream.resource(Blocker[IO]).flatMap { blocker =>
    val source: Stream[IO, Byte] =
                io.file.readAll[IO](Paths.get(readFrom), blocker, 4096)

  val pipe : Pipe[IO,Byte,Byte] = src =>
    src.through(text.utf8Decode)
    .through(text.lines)
      .flatMap(line => Stream.apply(line.split("\\W+"): _*))
      .fold(Map.empty[String, Int]) {
        (count, word) =>
          count + (word -> (count.getOrElse(word, 0) + 1))
      }
      .map (_.foldLeft("") {
          case (accumulator, (word, count)) =>
            accumulator + s"$word = $count\n"
        }
      )
      .through(text.utf8Encode)

  val sink : Pipe[IO,Byte,Unit] = io.file.writeAll(Paths.get(writeTo), blocker)
```

```
    source
      .through(pipe)
      .through(sink)
  }
```

Esse exemplo também é puramente funcional. Nenhum estado é alterado em parte alguma.

Conclusão

Abordamos a simultaneidade na PF nos certificando que a maior parte possível do nosso código seja imutável e minimizando as alterações de estado o máximo possível.

Ademais, vimos que o fluxo é uma parte importante da implementação da simultaneidade em um programa funcional. Encarar os objetos como fluxos nos permitirá enxergar toda a existência de um objeto mutável como um fluxo imutável. Os fluxos são uma ferramenta importante para lidar com a simultaneidade.

CAPÍTULO 7

Para Onde Ir a Partir Daqui

Já consideramos vários aspectos da programação funcional, como a imutabilidade, a transparência referencial, as funções de alta ordem, a preguiça (*laziness*) e a correspondência de padrões, e vimos várias maneiras de usar esses construtos no nosso código. Mas qual seria o próximo nível? E como chegar lá? Essas são algumas maneiras de proceder.

Adotando a Raiz Pura

Neste livro, enfatizamos que, quanto mais dessas técnicas empregamos, "mais funcional" será nosso código. Mas será que um código pode ser "totalmente funcional"? A resposta é "mais ou menos", e explicaremos exatamente o que isso significa. Chamamos esses códigos de "puramente funcionais" ou de "funcionais puros". Primeiro, abordarei alguns frutos mais baixos: as declarações `print`. Muitos efeitos colaterais podem ocorrer em programas não triviais. Por exemplo, a gravação em um arquivo, a exibição em um console, a abertura de soquetes e o lançamento de exceções. Se nosso código tiver algum deles, ele não é puramente funcional.

O que fazer sobre isso? Se não pudermos manter os efeitos colaterais totalmente fora do nosso código, poderemos pelo menos afastar todos os efeitos colaterais necessários para fora das fronteiras, por assim dizer, do nosso programa, para que ele se torne totalmente claro para qualquer pessoa que ler o programa nos pontos em que as partes *impuras* se encontram. Eu uso a expressão *fronteiras* de forma metafórica. É uma questão de isolar todos os efeitos colaterais em uma parte do programa para que eles possam ser facilmente diferenciados do restante. Podemos separar a parte *pura* da *impura* do programa. A parte impura é onde ficam os efeitos colaterais.

Suponhamos que queremos incluir a seguinte linha no nosso código:

```
println("Inicializando...")
```

Isso tem um efeito colateral. Como poderíamos isolar esse efeito colateral além das *fronteiras* do nosso programa? Para fazer isso, vamos criar uma trait de Scala chamada `SE` (de *side effect* [efeito colateral em inglês]) com um método `run`.

```
trait[A] SE(a: A) { def run }
```

O modo como isso funciona é que encapsulamos a declaração `println` nessa trait. Mas a expressão **não** exibe nada de fato:

```
SE(println("inicializando"))
```

Pense nela como uma descrição do efeito colateral. É só quando chamamos esse método `run` que a exibição acontece. Na verdade, a Scala não tem uma trait como essa, mas a biblioteca Cats Effects, para programação funcional em Scala, tem uma classe assim. Ela é uma *monad* e é chamada `IO` Monad. Vejamos outra forma de motivar a `IO` Monad que tem a ver com transparência referencial.

Consideremos o seguinte programa:

```
val x = 23
(x, x)
```

Esse programa é o mesmo que o programa a seguir?

```
(23,23)
```

Para descobrir, podemos substituir `23` por cada instância de `x`. Quando fazemos isso, ambos os programas ficam assim:

```
(23,23)
```

Podemos concluir que os dois são o mesmo programa.

O que precisamos conseguir substituir é um valor em instâncias de uma variável cujas funções em questão sejam referencialmente transparentes. Para entender isso, vamos rodar esse mesmo exemplo com uma declaração `println`.

```
val x = println("Cara!")
(x, x)
```

Este programa e o seguinte são o mesmo?

```
(println("Cara!"), println("Cara"))
```

Não! Se rodarmos esses dois programas, veremos que o primeiro escreve "`Cara!`" uma vez, e o segundo faz isso duas vezes. Atribuímos uma variável para um valor, encontramos todas as instâncias dessa variável e substituímos o valor pela variável. Gostaríamos que o programa fosse o mesmo após essa substituição, mas, como vemos nesse exemplo, isso nem sempre é verdade. Uma função que contém uma `println` não é referencialmente transparente, e a substituição não funcionará.

A IO Monad

O que fazer? Podemos simplesmente nunca usar funções que não sejam referencialmente transparentes?

`println`, ler um arquivo, gravar em um arquivo, fazer pesquisas em um banco de dados, deletar uma tabela – é claro que não podemos eliminar essas funções. Porém, existe uma solução. E é uma abordagem geral para a escrita de programas funcionais. A ideia é substituir o programa pela descrição ou planta do programa, que descreve com exatidão o que ele deveria fazer.

Essa descrição não terá efeitos colaterais. Por exemplo, em vez de escrever no console, o que seria um efeito colateral, ele dirá que precisa escrever no console sem de fato escrever nada. Então, além da descrição, temos uma interpretação do programa. É aí que as ações (ou efeitos colaterais) do programa são executadas. Para fazer isso, podemos usar algo chamado `IO` Monad. Ela seria algo assim:

```
val x = IO { println("Cara!") }
(x, x)
```

Este programa e o seguinte são o mesmo:

```
(IO { println("Cara!")}, IO{ println("Cara!")}
```

Nenhum deles chega a realmente escrever algo. São descrições. Para obter um resultado real, a `IO` Monad tem um método chamado `unsafeRunSync()` (existem outros métodos com nomes parecidos). `unsafeRunSync` executa o efeito colateral atual. Nesse caso, ele escreve "`Cara!`" no console. O "*unsafe*" (inseguro) no nome do método nos alerta que estamos deixando o mundo da PF pura e entrando no "mundo real", por assim dizer.

```
val x = IO { println("Cara!")}
x.unsafeRunSync()
```

Isso exibirá "`Cara!`" no console.

Como `IO` Monad é uma *monad*, ela tem os métodos `map` e `flatMap`. Então, podemos fazer o seguinte:

```
val x = IO { println("Cara!") }

val program: IO[Unit] =
  for {
     _ <- x
     _ <- x
  } yield ()

program.unsafeRunSync()
```

Isso escreverá "`Cara!`" duas vezes no console.

Mais sobre a IO Monad

Em geral, supondo que temos a função

```
doSomething
```

e supondo que temos uma compreensão como:

```
for {
    _  <- doSomething
    _  <- doSomething
} yield ()
```

com a IO Monad, se tivermos a transparência referencial, podemos fazer o seguinte:

```
val task = doSomething

for {
    _  <- task
    _  <- task
} yield ()
```

Podemos fazer isso com a `IO` Monad, mas não com `Future`. A `IO` Monad é uma parte importante do âmbito da programação funcional em Scala. É aí que `Future` deixa a desejar, do ponto de vista da PF.

E a Haskell?

A Haskell é uma linguagem de programação projetada por um comitê. Um grupo de designers de linguagens da academia e da indústria se reuniu para criar o que deveria ser um *modelo* de linguagem de programação puramente funcional. Muitas outras linguagens de programação, puras ou não, se baseiam na Haskell. Ela serve como um protótipo de ideias funcionais. Como já dito, a Haskell é puramente funcional. Se eu atribuísse `x` a `3`, isso nunca mudaria. Posso criar uma variável `x` como essa em Scala, mas preciso usar a palavra-chave `val`.

```
val x = 3 // nunca poderá ser mudada
```

Em Haskell, não precisamos de palavras-chave especiais. A imutabilidade é um comportamento padrão. Assim como a Scala, a Haskell tem um sistema de tipos bem forte. De diversas formas, para mim, parece que Martin Odersky tinha a Haskell em mente quando criou a Scala. Mas Odersky deixou bem claro que sua intenção era a de que a Scala tivesse aspectos tanto funcionais como orientados a objetos. Essa é a principal diferença entre a Haskell e a Scala.

Para aqueles interessados na Haskell, mas na JVM, existe uma implementação disso chamada ETA (*https://eta-lang.org* — conteúdo em inglês), que roda na JVM.

Mas seria a Haskell um caminho viável de se tomar? Embora seja usada de certa forma na indústria, ela ainda é mais uma linguagem acadêmica muito boa para criar outras linguagens.

O que podemos fazer se não queremos trilhar o caminho totalmente puro?

Trilhando o Caminho Intermediário

Muitos estão supostamente interessados em adotar a programação funcional, mas não necessariamente em trilhar a rota pura da Haskell ou de outra linguagem de programação funcional pura.[1]

Para esses, existe o que eu chamo de caminho intermediário. Existem várias linguagens de programação, como Scala, que nos oferecem vários dos benefícios

[1] Outras linguagens de programação funcional puras: Agda, Idris, Curry e Miranda.

da programação funcional sem insistir, em cada etapa, que toda ideia e construção deva ser seguida. Listarei algumas das escolhas mais populares e darei algumas palavras sobre elas.

Linguagens da JVM

Kotlin

Segundo a Wikipédia:

> Kotlin é uma linguagem de programação de plataforma cruzada, estaticamente tipada e de objetivos gerais com inferência de tipos. A Kotlin foi projetada para interoperar totalmente com Java, e a biblioteca padrão da versão da JVM da Kotlin depende da Java Class Library. A Kotlin é parecida de muitas formas com a Scala, embora tenha um sistema de tipos menos complexo. É interessante que a Kotlin também compila em JavaScript e em aplicativos web front-end via React. Segundo o Google, a Kotlin é a linguagem preferida para aplicativos Android, uma distinção previamente atribuída ao Java.

Algumas características interessantes da Kotlin incluem:

Funções de extensão
: Isso nos permite acrescentar uma função a qualquer classe. Digamos então que queremos uma função que possa ser chamada para `Strings` e que retorna o último caractere. Podemos fazer o seguinte:

```
fun String.lastChar(): Char = get(length - 1)
```

As classes são definitivas por padrão
: Em Kotlin, se queremos estender uma classe, a classe base deve ser marcada como aberta. Esse comportamento padrão é um indício das tendências funcionais da linguagem.

Classes Data
: São muito parecidas com as case classes em Scala.

Clojure

A história da programação funcional vai muito além da Haskell. Em 1958, a Lisp entrou em cena. Lisp é uma das primeiras linguagens de programação de alto nível. O que é imediatamente notável sobre a Lisp é seu uso de parêntesis. Esta é uma amostra do dialeto Scheme da Lisp (ela tem muitos dialetos):

```
(define new-withdraw
  (let ((balance 100))
    (lambda (amount)
      (if (>= balance amount)
          (begin (set! balance (- balance amount))
                 balance)
          "Fundos insuficientes"))))
```

Linguagens .NET

F# é uma linguagem de programação funcional da Microsoft que roda na plataforma .NET. Veja o F# como a resposta da Microsoft à Scala. F# suporta tanto a programação funcional como a orientada a objetos. Se você se limita a escrever códigos para a plataforma .NET e quer escrever códigos funcionais, o F# é uma boa opção. Existe também uma versão da .NET da Haskell, se preferir uma linguagem de programação funcional pura na plataforma .NET.

Classes Type

Uma construção muito importante da Haskell são as classes type. Vejamos como elas podem ser usadas em Scala.

Ao ver as classes type pela primeira vez, podemos achar que elas se parecem muito com as interfaces de Java ou as traits da Scala. Mas depois de certa reflexão, vemos que elas são muito mais poderosas. Elas foram introduzidas na Haskell depois que Philip Wadler e Stephen Blott as inventaram. As classes type são definidas pela especificação de um conjunto de funções ou nomes de constantes, junto com seus respectivos tipos, que devem existir para que esse tipo pertença à classe. Em Haskell, não temos a noção da classe comum que vemos em outras linguagens. As classes type são *as* classes.

As classes type nos dão a capacidade de polimorfismo *ad hoc*. Permita-me explicar. Primeiro, o que é polimorfismo? Polimorfismo significa literalmente "muitas formas". Ele se refere a quando o nome de uma mesma função pode ser aplicado a argumentos de diversos tipos. Para entendermos melhor essa ideia, vamos começar com uma simples função `plus`, que soma dois integers.

Scala

```
def plus(x: Int, y: Int): Int = x + y
```

Suponhamos agora que queremos que essa função funcione com strings também. Afinal, podemos "somar" duas strings concatenando-as. Em Scala, podemos simplesmente usar a sobrecarga.

```
def plus(x: Int, y: Int): Int = x + y
def plus(x: String, y: String): String = x + y
```

Mas algo nisso não é satisfatório. Os dois métodos são praticamente idênticos, mas precisamos defini-los separadamente. Deve haver um jeito melhor. Bem, vamos tentar inserir um parâmetro "tipo" e ver aonde isso nos leva:

```
def plus[A](x: A, y: A): A = //o que vai aqui?
```

O problema é que não sabemos o que `A` é. Então, como podemos combiná-los? Talvez você sugira criar uma trait chamada `HasPlus`, por exemplo, e fazer com que nosso `A` seja um subtipo de `HasPlus`. Escreveremos `HasPlus` assim:

```
trait HasPlus[A] {
    def plus(x: A, y: A): A
}
```

Então, poderíamos escrever nossa função genérica de soma assim:

```
def plus[A <: HasPlus[A]](x: A, y: A): A = plus(x,y)
```

O fato de que `A <: HasPlus[A]` significa que `A` obrigatoriamente implementará `plus`. Isso parece funcionar. Mas espere! `Int` e `String` não implementam `HasPlus`. E não podemos fazer muito a respeito. É aí que as classes type entram em ação. Elas nos permitem, por assim dizer, somar funções com classes que já existem. Isso faz parte do poder das classes type. Vejamos o que fazer.

> As classes type nos permitem somar funções com classes que já existem. Isso é muito poderoso.

A boa notícia é a seguinte: quando pensamos bem nisso, não precisamos que `Int` e `String` sejam subtipos de `HasPlus`. Precisamos apenas que eles sejam, em certo sentido, "conversíveis" para `HasPlus`. E se os convertêssemos de forma implícita para `HasPlus`? Podemos fazer isso usando os implicits da Scala. Vejamos como isso funciona.

Scala

```
implicit def intToHasPlus(x: Int): HasPlus[Int] = new HasPlus[Int] {
  override def plus(other: Int) = x + other
}

implicit def stringToAddable(x: String): HasPlus[String] = new HasPlus[String] {
  override def add(other: String) = x + other
}
```

Aqui, gostaríamos de expressar que essa classe é *conversível* para `HasPlus`. Como podemos fazer isso? Podemos usar a construção ViewBound da Scala. Ela usa o operador <%.

`A <: B` significa que `A` pode ser convertido em `B`. Veja como fica isso:

```
def plus[A <% HasPlus[A]](x: A, y: A): A = x.plus(y)
```

Isso diz que o método **plus** pega um objeto de qualquer tipo `A` que pode ser convertido (via implicits) para `HasPlus`. Com esses dois implicits definidos, podemos fazer o seguinte:

```
plus(3,4) // retorna 7
plus("Olá", " Mundo") // retorna "Olá Mundo"
```

O problema dessa construção é que ViewBound, o construto <%, foi descontinuado a partir da versão 2.11 da Scala. É aí que entram as classes type. Consideremos novamente o método:

```
combine(x: A, y: A): A = ?
```

Mas ainda não sabemos como combinar os dois valores. Suponhamos que temos uma trait `HasPlus` que nos diz como somar os dois elementos:

```
trait HasPlus[A] {
    def plus(x: A, y: A): A
}
```

Então podemos somar a `HasPlus` por meio de uma lista de segundos parâmetros.[2] Agora podemos construir uma `HasPlus` para os `Ints` e `Strings`:

```
object IntHasPlus extends HasPlus[Int] {
  override def plus(x: Int, y: Int) = x + y
}

object StringHasPlus extends HasPlus[String] {
  override def plus(x: String, y: String)= x + y
}
```

Agora podemos chamar `combine` assim:

```
comnbine(2,3)(intHasPlus)
combine("Olá", " Mundo!")(StringHasPLus)
```

Estamos quase aonde queremos chegar. Tudo o que temos de fazer agora é transformar as implementações de `HasPlus` em `implicit`:

```
implicit object IntHasPlus extends HasPlus[Int] {
  override def plus(x: Int, y: Int) = x + y
}

implicit object StringHasPlus extends HasPlus[String] {
  override def plus(x: String, y: String)= x + y
}
```

E definir `combine` da seguinte forma:

```
def combine[A](x: A, y: A)(implicit hasPlus: HasPlus[A]): A =
  hasPlus.plus(x, y)
```

E agora podemos simplesmente chamar:

```
combine(2,3)
combine("Olá Mundo")
```

Por acaso, existe um construto em Scala chamado de limites de contexto. Escrever o construto e, abaixo dele, para o que ele serve como syntax sugar. Mas, primeiro, devo introduzir o operador `implicitly`.

```
implicitly[A]
```

[2] Consulte o Capítulo 2 para saber mais sobre as listas de segundos parâmetros.

Ele simplesmente tira uma instância de `A` do âmbito de `implicit`, se houver. Então podemos escrever:

```
def combine[A : HasPlus](x: A, y: A): A = implicitly[HasPlus[A]].plus(x,y)
```

O que significa:

```
def combine[A](x: A, y: A)(hasPlus: HasPlus[A]): A = hasPlus.plus(x,y)
```

Então podemos escrever:

```
def combine[A : HasPlus](x: A, y: A): A = implicitly[HasPlus[A]].plus(x,y)
```

E automaticamente seria como se houvesse uma lista de segundos parâmetros com um objeto `HasPlus` implícito. Para dar uma aparência mais natural a isso, podemos fazer o seguinte com o objeto acompanhante de `HasPlus`.

```
object HasPlus {
  def apply[A: HasPlus]: Hasplus[A] = implicitly
}
```

Agora podemos escrever:

```
def combine[A : HasPlus](x: A, y: A): A = HasPlus[A].plus(x,y)
```

E isso funcionará para qualquer tipo de dados para os quais houver uma implementação implícita de `plus`.

Outro exemplo de uma classe type: uma biblioteca Json

Escreveremos alguns códigos para modelar uma biblioteca simples que serializa o JSON. Começaremos com uma *sealed trait* chamada `Json`.

```
sealed trait Json
```

Então vamos acrescentar algumas classes e um objeto que estende a `Json`:

```
final case class JsObject(get: Map[String, Json]) extends Json
final case class JsString(get: String) extends Json
final case class JsNumber(get: Double) extends Json
final case object JsNull extends Json
```

Agora precisaremos de uma forma de expressar um método `write`, que realiza a serialização em si. Podemos fazer isso com a seguinte trait:

```
trait JsonWriter[A] {
  def write(value: A): Json
}
```

`JsonWriter` é a classe type que estamos construindo. As outras traits/classes/objetos são códigos de suporte.

Agora vamos criar as implementações implícitas. Elas são chamadas de *instâncias da classe type*. Vejamos como elas são:

```
final case class Person(name: String, email: String)

object JsonWriterInstances {
  implicit val stringWriter: JsonWriter[String] =
    new JsonWriter[String] {
      def write(value: String): Json =
        JsString(value)
    }

  implicit val personWriter: JsonWriter[Person] =
    new JsonWriter[Person] {
      def write(value: Person): Json =
        JsObject(Map(
          "name" -> JsString(value.name),
          "email" -> JsString(value.email)
        ))
    }

  // etc...
}
```

Isso completa a classe type. Como a usamos?

O que realmente queremos é um método chamado `toJson`, que serializa um objeto do tipo `T`, para cada `T` para o qual há uma instância da classe type. Temos um para a classe de caso `Person`. Então podemos fazer o seguinte:

```
object Json {
  def toJson[A](value: A)(implicit w: JsonWriter[A]): Json =
    w.write(value)
}
```

Agora podemos fazer:

```
import JsonWriterInstances._

Json.toJson(Person("Andrea", "andrea@example.com"))
```

Isso nos dará o seguinte resultado:

```
Map("name" -> JsString("Andrea"), "email" -> JsString("andrea@example.com"))
```

Agora, suponhamos que gostaríamos de poder fazer algo assim:

```
Person("Andrea", "andrea@example.com").toJson
```

Queremos fazer isso mesmo que não haja nenhum método `toJson` na case class `Person`. Uma das coisas boas sobre as classes type é acrescentar métodos a classes que já foram criadas. Veja o código para fazer isso:

```
object JsonSyntax {
  implicit class JsonWriterOps[A](value: A) {
    def toJson(implicit w: JsonWriter[A]): Json =
      w.write(value)
  }
}
```

Agora podemos fazer o seguinte:

```
import JsonWriterInstances._
import JsonSyntax._

Person("Andrea", "andrea@example.com").toJson
```

E isso nos dará o que queremos.

Conclusão

Não há fim para o que podemos fazer com as classes type. Para ver muitos outros exemplos, consulte a biblioteca Cats.[3]. Ela tem muitas classes type nativas que são úteis no contexto funcional.

Quer escolha trilhar o caminho funcional puro, com uma linguagem como a Haskell ou a Scala com a biblioteca Cats, ou o caminho intermediário, com uma linguagem como F#, Clojure, C#, Java ou Scala, a programação funcional torna as coisas mais claras, mais genéricas e mais autorais.

[3] Consulte o site da biblioteca Cats: *http://typelevel.org/cats/*

APÊNDICE
Scala

Por que separei o apêndice para o aprendizado dessa linguagem de programação específica? Permita-me explicar. Minha experiência com programação em muitas linguagens, combinada com minha experiência com a programação funcional, me ensinou que, embora seja possível, até certo ponto, expressar conceitos funcionais em qualquer linguagem, algumas linguagens naturalmente combinam mais com o pensamento e expressão funcionais.

> Ainda que seja possível expressar conceitos funcionais em praticamente qualquer linguagem, aquelas que são feitas para dar suporte total ou parcial a construtos funcionais facilitam o aprendizado e a compreensão da PF.

Por esse motivo, decidi que, embora apresentaria exemplos em várias linguagens para que você pudesse ver como é possível expressar conceitos funcionais em diversas ferramentas e capacidades, acredito que, para realmente apreciar a beleza e assimilar a utilidade dos conceitos funcionais, seria necessário vê-los expressos em uma linguagem feita com esse objetivo em mente.

Eu poderia ter escolhido a Haskell, uma linguagem funcional pura que, em diversos sentidos, é o arquétipo da linguagem funcional, mas achei melhor pecar pelo excesso de praticidade. Assim, escolhi a Scala, que é uma linguagem híbrida. Seu criador, Martin Odersky, queria uma linguagem que produzisse códigos funcionais e códigos orientados a objetos igualmente bem.

> A Scala é uma linguagem híbrida. Ela foi feita para dar suporte aos paradigmas orientados a objetos e funcionais.

Há alguns exemplos de outras linguagens no livro. Mas alguns dos tópicos "mais funcionais" se apegarão aos exemplos em Scala em especial porque todo o código que seria necessário para expressar esses mesmos conceitos em outras linguagens tiraria a atenção do objetivo principal do livro: aprender como pensar de forma funcional e não ficar atolado em muita sintaxe. Assim, podemos nos concentrar nas ideias. Também acrescentaria, e devo rotular isso claramente como uma opinião, que a leitura cuidadosa desta introdução à Scala trará outro benefício que talvez não seja óbvio de início: fará com que você já comece a pensar de forma funcional. Os conceitos são naturais da linguagem, por assim dizer.

> Se preferir não ler esta introdução ao Scala, isso não prejudicará sua leitura do restante do livro.

Suposições

Faço algumas suposições sobre seu conhecimento em programação. Suponho que esteja familiarizado com os conceitos gerais que adquiriu durante o tempo em que vem programando. Suponho que esteja familiarizado com as classes da programação orientada a objetos. Suponho também que saiba o que são funções e métodos. Para deixar claro, considero um método como uma função associada com determinada classe. De outra forma, eles serão a mesma coisa. Suponho que saiba o que são exceções, porque quase todas as linguagens de programação têm exceções. E suponho que esteja familiarizado com os construtos comuns de programação, como os loops `for`, os loops `while`, declarações case etc.

Visão Geral

Vamos começar descrevendo a linguagem Scala. A Scala é uma linguagem estaticamente tipada com suporte para a programação funcional e orientada a objetos. Ela dá suporte a funções puras, funções de alta ordem, avaliação preguiçosa, correspondência de padrões, imutabilidade, currying e um sistema bastante expressivo de tipos. Permita-me explicar alguns desses termos.

Estaticamente tipada
: Isso significa que cada dado da linguagem tem seu próprio tipo de dados que descreve que tipo de dado ele é. Por exemplo, do tipo string, integer ou custom.

Programação funcional
: Um estilo de programação no qual utilizamos funções puras, dados imutáveis e estruturas da teoria das categorias.

Programação orientada a objetos
: Um estilo de programação que modela um domínio como uma coleção de objetos, cada um com seu próprio conjunto de métodos ou operações que ele pode realizar.

Funções puras
: Uma função pura pega uma entrada e retorna uma saída, e não faz nada além disso. Não há efeitos colaterais. Ela não modifica variáveis fora da função, não grava em arquivos ou lança exceções. Ela simplesmente pega uma entrada e retorna uma saída. E se lhe apresentarmos a mesma entrada, ela retornará a mesma saída.

Funções de alta ordem
: Uma função de alta ordem recebe outras funções como parâmetros ou retorna uma função.

Avaliação preguiçosa
: Significa uma expressão que só é avaliada quando necessário. Em geral, sem a avaliação preguiçosa, se uma função não preguiçosa receber um parâmetro, então, assim que a função é chamada, a variável é substituída, pois esse parâmetro é avaliado. Se for preguiçosa (*lazy*), ele só será avaliado quando isso for necessário.

Correspondência de padrões
: É como uma declaração switch ou case que toma esteroides. Falaremos mais sobre isso neste livro.

Imutabilidade
: Significa que algo nunca muda. Se uma variável **x** for imutável, então, quando ela for estabelecida, ela nunca será alterada.

Sistema de tipos
: Isso simplesmente se refere à coleção de todos os tipos da linguagem de programação.

var e val

Existem duas maneiras de declarar uma variável em Scala. Uma é com a palavra-chave `var`, e a outra é com a palavra-chave `val`. `var` é como uma variável em qualquer outra linguagem. Quando uma `var` é declarada e um valor é atribuído a ela, esse valor pode ser alterado a qualquer momento. Quando um valor é atribuído a uma `val`, ele nunca poderá ser mudado. Se Martin Odersky, o criador da Scala, quisesse que ela fosse uma linguagem de programação funcional pura, ele teria feito apenas `vals`. Em Scala, é uma melhor prática usar `vals` sempre que possível e usar `var` quando necessário. Um motivo considerado necessário seria quando implementamos um algoritmo de uma forma otimizada para desempenho. Isso poderia envolver executar loops por uma coleção e resetar continuamente o valor de uma variável. Porém, em geral, em um bom código de Scala, `vars` são evitadas sempre que possível.

```
val x = 3
x = x + 1 // erro de compilador!

var y = 3
y = y + 1 // é compilado
```

Classes e Objetos

Em Java e nas linguagens de programação orientadas a objetos em geral, um objeto é uma instância de uma classe. Se escrevermos:

Java

```
User user = new User();
```

Então, `User` será uma classe, e `user`, uma instância dessa classe. Esse uso também existe na Scala, mas a palavra objeto tem outro significado. Em Scala, um objeto é uma palavra-chave que declara um singleton. Se escrevermos:

Scala

```
object User {
    def getUserName = ???
}
```

Esse código cria uma classe chamada `User` por trás dos bastidores e uma instância dessa classe. Porém apenas uma instância será permitida.

O ??? é uma expressão para preencher um código que ainda não foi concluído, mas que queremos compilar mesmo assim.

Então, escreveríamos:

Scala

```
User.getUserName
```

e isso avaliaria qualquer que fosse o nome de usuário de user.

Funções

Vejamos mais algumas funções simples em Scala:

Scala

```
def square(n: Int): Int = n * n
```

Perceba que o tipo do parâmetro é estruturado com dois-pontos e que depois vem o tipo. Além disso, o tipo de retorno vem depois dos dois-pontos. Em Scala, o compilador pode concluir qual é o tipo de uma variável em diversos casos. Quando isso acontece, a Scala nos permite não informar o tipo. Por exemplo:

```
def square(n: Int) = n * n
```

O compilador não tem como saber qual é o tipo do argumento **n** e, por isso, os argumentos sempre precisarão de um tipo. Como regra, porém, é sempre uma boa ideia incluir os tipos, em especial no caso de APIs voltadas para o público, para dar ao usuário da API uma visão mais clara.

Veja mais algumas formas de expressar a função square.

```
def square = (n: Int) => n * n
```

O lado direito é uma função anônima.

Ela também pode ser uma `val`.

```
val square = (n: Int) => n * n
```

A diferença entre elas é que uma `val` é avaliada quando é definida, e uma `def` é avaliada quando é chamada.

Funções que Retornam Funções

Suponhamos que queremos uma função que cria uma função que soma um número fixo no seu argumento. Em Scala, podemos fazer o seguinte:

```
def addA(a: Int) = (n: Int) => n + a
```

Para deixar mais claro, podemos acrescentar o tipo de retorno de `addA`.

```
def addA(a: Int): Int => Int = (n: Int) => n + a
```

Classes de Caso

As classes de caso são poderosas e um exemplo muito bom do tipo de construções úteis e eficientes que vemos em Scala. Uma classe de caso é uma classe com estruturas adicionais e pressuposições que podemos fazer sobre ela. Uma classe de caso não precisa da palavra-chave `new` antes dela. E ela vem com as funções `equals`, `hashCode`, `toString` e `copy`, para citar apenas algumas. Podemos definir uma classe de caso da seguinte forma:

Scala

```
case class Document(id: Int, title: String: numOfPages: Int)
```

Então, a usamos da seguinte forma:

Scala

```
val doc = Document(1,"Lucro", 35)
```

Se quisermos copiar `doc`, mas alterar o número de páginas, podemos fazer o seguinte:

Scala

```
val newDoc = doc.copy(numOfPages = 37)
```

Um detalhe importante sobre as classes de caso é que, quando elas são testadas no que se refere à sua igualdade, não são as referências que são comparadas. As duas classes de caso são comparadas por campos. Então, se tivermos o seguinte:

Scala

```
val doc1 = Document(3, "Minhas Férias", 10)
val doc2 = Document(3, "Minhas Férias", 10)
```

Então, `doc1 == doc2` será avaliado como verdadeiro, embora sejam instâncias diferentes da classe `Document`. Podemos expressar isso dizendo que a igualdade é *por valor*.

Se uma classe de caso for um objeto, e não uma classe, chamaremos isso de objeto de caso.

Quando chegarmos em correspondência de padrões, veremos um uso especialmente interessante das classes de caso em Scala.

Declarando Funções

Todos os argumentos de uma função precisam de um tipo associado a eles. Como podemos declarar o tipo de uma função? Vejamos alguns exemplos:

Scala

```
f: Int => Int
```

Essa é uma função que recebe um `Int` e retorna um `Int`. Isso se parece com o jeito como os matemáticos escrevem uma função. Veja outro exemplo:

```
f: (User, Int) => Double
```

Essa função recebe um objeto do tipo tuple de um `User` e um `Int` e retorna uma `Double`.

Currying

Em um programa funcional puro, um que não faz concessões, as funções com um argumento são consideradas superiores às funções que recebem vários argumentos. Sempre poderemos criar uma classe com várias argumentos como campos e ter uma função que recebe um objeto dessa classe e retorna uma variável. Mas isso é um pouco estranho. A Scala oferece uma abordagem melhor. Currying é uma forma de transformar uma função de vários argumentos em uma função com apenas um argumento. Vejamos como isso funciona. Suponhamos que começamos com uma função que recebe dois `Ints` e retorna um `Int`.

Scala

```
def f(a: Int, b: Int): Int = a + b
```

Vejamos como o currying transforma essa função. Escrevemos cada argumento com seus próprios parêntesis, assim:

```
def f(a: Int)(b: Int) = a + b
```

Como interpretamos essa definição? `f(a)` recebe um `Int` e retorna uma função que recebe um `Int` e retorna um `int`.

```
f(3)(4)
```

`f(3)` é uma função que recebe um `Int` e o soma com 3.

Funções Anônimas

Consideremos uma função que recebe dois `Ints` e os soma. A maneira básica de escrever isso na Scala seria:

Scala

```
def sum(m: Int, n: Int): Int = m + n
```

Vejamos como escrever isso sem lhe atribuir um nome.

```
(m: Int, n: Int) => m + n
```

Podemos atribuí-la a uma variável.

```
val f = (m: Int, n: Int) => m + n
```

Funções de Alta Ordem

Uma função de alta ordem não passa de uma função que recebe outras funções como argumentos ou que retornam uma função. Veremos alguns exemplos e como esse conceito promove a abstração.

```
def apply(f: Int => Int, a: Int) = f(a)
```

Essa função recebe uma função de `Int` em `Int` e um `Int` e aplica essa função a esse `Int`.

Que tal um exemplo mais complexo que retorna uma função?

```
def f(a: Int): Int => Int = (n: Int) => n + a
```

Essa função recebe um `Int` e retorna uma função que recebe um `Int` e o soma a ela.

Veja um exemplo com currying.

```
def f(a: Int)(b: Int): Int = (m: Int) => a * b + m
```

Como funções de alta ordem promovem a abstração? A chave é que elas nos dão a habilidade de passar uma função que representa um trecho específico da funcionalidade. Suponhamos que temos uma situação em que estamos fazendo um cálculo e o algoritmo que usamos dependa do valor de uma variável `x`. Digamos que temos três algoritmos: `alg1`, `alg2` e `alg3`. Eles são três funções. Então, teríamos algo assim:

```
if (x <10)
    f(alg1)
else if (x < 20)
    f(alg2)
else
    f(alg3)
```

Outra maneira pela qual as funções de alta ordem podem promover a abstração é criando uma classe que recebe um parâmetro que é uma função:

```
class Method(s: Strategy)
```

Aqui, `Strategy` é um apelido para uma função. Em Scala, podemos fazer o seguinte:

```
type Strategy = (n: Double) => Double
```

Basicamente, isso nos permite criar uma classe e especificar um trecho da funcionalidade, a qual, nesse caso, representa uma estratégia para resolver um problema.

A ideia geral é a de que as funções de alta ordem nos permitem passar a funcionalidade, em vez de tipos de dados simples, como `Int` ou `String`.

Correspondência de Padrões

A correspondência de padrões é como uma declaração switch que toma esteroides. O conjunto de coisas que podemos comparar é muito maior do que apenas `Ints` ou `Strings`. Veja alguns exemplos:

Primeiro, reproduzimos uma simples correspondência de inteiros. Isso é basicamente a declaração switch costumeira.

Scala

```
def f(n: Int): Int = 3

f(2) match {
    case 1 => "não"
    case 2 => "não"
    case 3 => "sim"
    case _ println("valor não encontrado")
}
```

Essa expressão retornaria a string "`sim`". Permita-me enfatizar aqui que essa construção de correspondência de padrões é uma expressão que retorna um valor. Na verdade, poderíamos armazená-lo em uma variável, assim:

```
val x = f(2) match {
    case 1 => "não"
    case 2 => "não"
    case 3 => "sim"
    case _ println("nenhuma correspondência")
}
```

O valor x armazenaria a string "`sim`". O case _ corresponde ao caso em que não há correspondência com nenhum dos outros valores.

Vejamos mais alguns exemplos:

```
import scala.util.Random

val x: Int = Random.nextInt(10)

x match {
  case 0 => "zero"
  case 1 => "um"
  case 2 => "dois"
  case _ => "outro"
}
```

Eu havia mencionado que as classes de caso são especialmente úteis na correspondência de padrões.

```
case class User(firstName: String, age: Int)

val user = User("Katherine", 26)

user match {
    case User(_, 25) => "nenhuma correspondência"
    case User("Katherine", _) => "uma correspondência!"
    case User(_, 26) => "uma correspondência"
}
```

A expressão da correspondência de padrões consegue "enxergar" os campos e compará-los. Ela funciona até com objetos embutidos.

```
case class Name(first: String, last: String)
case class User(name: Name, age: Int)

User(Name("John", "Smith"), 77) match {
    case User(Name(_, "Smith"), _) => "Um Smith!"
}
```

Podemos acrescentar expressões booleanas para refinar a busca.

```
case class Name(first: String, last: String)
case class User(name: Name, age: Int)

val user = User(Name("Katherine","Smith"), 26)

user match {
  case User(Name(_, last), _) if (last(0).toString.toUpperCase=="S") => println("uma correspondência!")
}
```

Também é possível comparar tipos.

```
abstract class Device
case class Phone(model: String) extends Device {
  def screenOff = "Desligando a tela"
}
case class Computer(model: String) extends Device {
  def screenSaverOn = "Ligando o protetor de tela..."
}
  def goIdle(device: Device) = device match {
    case p: Phone => p.screenOff
    case c: Computer => c.screenSaverOn
  }
```

Como se pode ver, a correspondência de padrões é uma construção poderosa.

Traits

Seria tentador dizer que as traits são como as interfaces de Java, mas que podemos implementar alguns (ou todos os) métodos. (O Java 8 permite que métodos padrão e estáticos sejam implementados.) Essa caracterização não seria totalmente errada, mas é incompleta. As traits nos oferecem muito mais do que isso.

Vamos começar com a `trait` mais simples possível.

```
trait Printable
```

Digamos que estamos criando uma classe chamada `Document` e que queremos deixar bem claro que `Documents` tem um método chamado `print`. Então, fazemos o seguinte:

```
class Document extends Printable
```

Como `Printable` não tem métodos, não precisamos ter um método chamado `print` em `Document`. Essa declaração é um pouco errônea, mas serve de exemplo como uma das `traits` mais simples. Para garantir que teremos um método `print`, podemos fazer o seguinte:

```
trait Printable {
    def print: Unit
}

class Document extends Printable
```

Nesse caso, o compilador determinará que há um método `print` em `Document`.

Uma classe pode estender qualquer número de traits. Suponhamos que temos outra `trait`, chamada `Scannable`. Como especificaríamos que `Document` estende ambas as traits?

```
trait Printable {
    def print: Unit
}

trait Scannable {
    def scan: Unit
}

class Document extends Printable with Scannable
```

Podemos ter tantas cláusulas quanto desejarmos.

> Deixemos claro que uma trait pode ter tanto métodos implementados quanto não implementados.

Distinguindo Classes Abstratas e Traits

Como o Java, a Scala também tem classes abstratas. Tanto as classes abstratas como as traits podem ter métodos implementados e não implementados. Ademais, nenhum deles pode ser instanciado. Então, qual é a diferença?

Primeiro e, talvez, a principal diferença é que uma classe só pode estender uma classe abstrata (ou concreta, por falar nisso). A Scala *não* tem a múltipla herança de classes. Mas tem a múltipla herança de traits.

Outra diferença consideravelmente interessante é que podemos acrescentar uma `trait` a uma instância de uma classe em Scala, mas não podemos acrescentar uma classe abstrata a uma instância. Com uma `trait`, isso seria assim:

```
trait Loggable
class Document

val d = new Document with Loggable
```

Nesse caso, não é verdade que todos os `Documents` são `Loggable`, apenas este específico (ou quaisquer outras instâncias que foram criadas dessa forma).

Outra diferença é que as classes podem receber parâmetros na sua definição. Por exemplo:

```
class Person(name: String) {
    //outras coisas
}
```

Nesse exemplo, a classe em si funciona como um construtor e tem um parâmetro construtor. As traits não podem fazer isso (afinal, elas não podem ser instanciadas).

As classes abstratas são completamente interoperáveis com o código de Java quando não têm nenhum parâmetro construtor. As traits são completamente interoperáveis com o código de Java quando não têm nenhum método implementado.

Avaliação Preguiçosa

Dizemos que uma expressão é avaliada preguiçosamente em Scala quando ela é avaliada só quando necessário, e não de imediato. Por exemplo, suponhamos que temos uma função `f` que faz um cálculo de consumo de tempo. Suponhamos também que temos outra função `g` que recebe `f` como argumento. No caso de expressões `não preguiçosas`, quando chamamos uma função, a primeira coisa que a Scala faz é avaliar todos os argumentos delas. `defs` não podem ser `preguiçosos`, apenas `vals`. Consideremos o seguinte código:

```
val h = longRunningComputation
g(h)
```

Nesse caso, como `h` não é apontada como `preguiçosa`, assim que `g` é chamada, `h` será avaliada (e isso demorará bastante). Agora consideremos este código:

```
lazy val h = longRunningComputation
g(h)
```

Nesse caso, quando `g` é chamada, `h` só será chamada quando necessário. Às vezes, a `preguiça` é útil para melhorar o desempenho de um programa. Mais adiante neste livro, veremos outros benefícios do uso da avaliação preguiçosa.

Parâmetros de Tipos

Em Scala, uma lista de `Strings` pode ser definida assim:

Scala

```
val lst: List[String] = List("abc", "def")
```

`List`, por si só, não é um tipo. É o que chamamos de *construtor de tipos*. Falaremos mais sobre isso em outras partes neste livro. O construtor de tipos `List` se tornará um tipo quando combinado com outro tipo. O que vemos a seguir são tipos:

```
List[Int], List[String], List[User] etc
```

O Tipo Option

É um princípio comum entre os desenvolvedores de Scala que `null` é algo a ser evitado. Então, o que devemos usar no lugar? O tipo `Option` tem dois subtipos: `Some` e `None`. `Some` encapsula um valor, e `None` é um tipo que fica sozinho. Vejamos um exemplo. Um exemplo típico de quando `null` poderia ser usado em outra linguagem de programação é em uma função que recebe uma `String` que representa um nome de usuário e retorna um objeto user se ele existir para esse nome de usuário. Em Java, por exemplo, podemos retornar um `null` se o nome de usuário não for encontrado. Veja como podemos fazer isso em Scala:

```
def getUser(userName: String): Option[User] = ???
```

Se nenhum user for encontrado, a função poderá retornar `None`.

Se um user for encontrado, ela retornará `Some(user)`, onde user é a instância do objeto `User` associado a `userName`.

Options funciona bem com a correspondência de padrões. Veja um exemplo:

Scala

```
val userName = "victoria2002"
getUser(userName) match {
    case Some(user) => //faça algo com user
    case None => //exibe uma mensagem para user
}
```

Future

O Future `F` é outro construtor de tipos. Assim como `List` e `Option`, um Future `F` em si não é um tipo, mas um construtor de tipos. Se lhe dermos um parâmetro de tipos `T`, teremos o tipo `F[T]`. Mas o que é um Future? Um Future é uma variável que armazenará um valor em algum ponto no futuro. Uma variável comum armazena um valor *agora*. Um Future armazenará uma variável em algum ponto no futuro. Isso é especialmente útil para estabelecer o valor de algum cálculo longo e intenso. Por exemplo, suponhamos que `f` seja uma função definida com base nos números inteiros `Z`, que costuma levar um minuto para ser concluída. Se atribuíssemos um valor a uma variável comum dessa função, por exemplo,

```
val x = f(5)
```

a linha que executa esse código travaria por um momento. Isso poderá envolver a suspensão da UI por um instante. É algo catastrófico para um programa. Agora consideremos usar um Future. Podemos fazer o seguinte:

```
val fut: Future[Int] = f(5)
```

Esse código executará a próxima linha imediatamente, mesmo que `fut` ainda não tenha armazenado o valor de `f(5)`. Provavelmente, a próxima pergunta seria: "Como sabemos quando o valor foi concluído e como podemos obtê-lo?" Essa é uma boa pergunta. A classe `Future` tem um método chamado `onComplete`. Podemos fazer algo assim:

```
val fut: Fut[Int] = f(5)
fut onComplete {
    case Success(n) => println(s"A resposta é $n")
    case Failure(ex) => println(ex.getMessage)
}
```

Além de `onComplete`, podemos usar várias funções de alta ordem com Futures. Por exemplo:

```
val s: Future[String] = getName(id)
```

onde `getName` é uma função que busca um nome com um cálculo longo. Então, poderíamos fazer algo assim:

```
s.map( s => s.toUpperCase)
```

Quando Future fosse concluído, essa expressão retornaria algo assim:

```
Future("JOSEPH")
```

Para usar a classe `Future`, precisamos de dois imports. Um é:

```
import scala.concurrent.Future
```

e o outro é:

```
import ExecutionContext.Implicits.global
```

Esse último import traz algo chamado `ExecutionContext`. Embora não venhamos a nos aprofundar em `ExcecutionContexts`, você pode pensar nele, em termos amplos, como uma coleção de linhas. Os cálculos são executados no seu ambiente de forma assíncrona. Futures são bastante populares na programação em Scala porque eles possibilitam o cálculo assíncrono. Na programação funcional pura, eles às vezes são malvistos porque vão de encontro com a transparência referencial, que abordamos no Capítulo 1. Uma possível substituição para Futures que *é* puramente funcional é a IO Monad, abordada no Capítulo 7.

Algumas Funções de Alta Ordem Fundamentais

As funções de alta ordem mais importantes a saber são `map`, `flatten` e `flatmap`.

map

A função `map` recebe uma coleção de objetos e uma função `f` definida com base nesses objetos e retorna uma nova coleção em que o `_n_th` objeto dessa coleção é esse objeto transformado por f. Veja alguns exemplos:

Scala

```
def square(n: Int): Int = n * n
List(1,2,3,4,5).map(square)
```

Isso retorna a coleção:

```
List(1,4,9,16,25)
```

Veja uma função que recebe uma lista de números, eleva cada um ao quadrado e soma todos eles. Perceba o quão concisa é essa expressão:

Scala

```
def squareAndSum(lst: List[Int]): Int = lst.map(square).sum
```

E se tivéssemos uma lista de algo que não é um tipo simples? Por exemplo, `Options`.

```
def getUser(userName: String): Option[User] = ???
val names: List[String] = List("username1", "username2", "username3")
names.map(getUser)
```

Isso retornará algo como:

```
List(None, Some(user1), Some(user2))
```

flatten

Existe um método em Scala chamado `flatten` que pode ser útil aqui. Considere o seguinte:

```
names.map(getUser).flatten
```

Isso retornará:

```
List(user1, user2)
```

A beleza desse método é que ele nivela as instâncias de `Some` e elimina os `Nones`.

flatMap

Se mapearmos uma coleção e a nivelarmos, existe outro método equivalente a esse chamado `flatMap`.

Vejamos este exemplo de `flatten` novamente e como ele ficaria se fosse expresso com `flatMap`:

```
names.map(getUser).flatten //Isto retorna List(user1,user2)

names.flatMap(getUser)  //Isto também retorna List(user1,user2)
```

`flatMap` exerce um grande papel na programação funcional.

Outras Importantes Funções de Alta Ordem

foldLeft

`foldLeft` é definida em coleções e recebe como elemento inicial uma operação binária definida com base em pares de elementos da coleção. É uma forma de pegar uma operação usada para combinar dois elementos e aplicar a todos os elementos da coleção. Veja alguns exemplos:

Scala

```
List(1,2,3,4,5).foldLeft((n: Int, m: Int) => n + m) //Retorna 10
```

Por falar nisso, ela também pode ser expressa da seguinte forma:

```
List(1,2,3,4,5).foldLeft(_ + _)
```

Ela usa o atalho _ + _ para a função anônima.

```
List("abc", "def", "ghi").foldLeft(_ + _)  //Retorna "abcdefghi"
```

Voltando para:

```
List(1,2,3,4,5).foldLeft(0)(_+_)
```

podemos substituir + por qualquer função arbitrária f que recebe dois integers e os combina. Por exemplo:

```
def f(n: Int,m: Int): Int = 2 * m + n
List(1,2,3,4,5).foldLeft(1)(_ + _) //Retorna 31
```

foldLeft começa à esquerda da coleção. Existe um foldRight também. Se a coleção for comutativa, foldLeft é igual a foldRight.

filter

filter é uma função de alta ordem definida em coleções que recebem uma condição, ou seja, uma função que retorna um booleano e filtra todos os elementos da coleção que não satisfazem essa condição. Veja alguns exemplos:

```
def isEven(n: Int): Boolean = (n % 2 == 0)

List(1,2,3,4,5).filter(isEven) //Retorna List(2,4)

def startsWithA(s: String): Boolean = (s.length > 0 && s(0)toUpperCase == 'A')
List("abc", "def", "ghi", "axy").filter(startsWithA) //Retorna List("abc", "axy")
```

Conclusão

A Scala é uma linguagem especialmente apropriada para o aprendizado da programação funcional. Embora ela permita a maioria dos construtos funcionais que poderíamos desejar, ela também nos permite usar códigos orientados a objetos nos nossos programas. Além disso, ela temuma sintaxe bastante concisa e clara que faz com que o código em Scala (quando bem escrito) seja fácil de ler.[1]

1 Essas são opiniões, claramente identificadas como tal. Mas são baseadas na minha experiência com a programação funcional e com muitas outros linguagens de programação.

Índice

Sobre o Autor

Jack Widman começou sua carreira profissional como matemático na academia. Ele estudou e deu aulas sobre as complexidades da teoria matemática dos grupos topológicos pseudocompactos, além de dar aulas de cálculo e pequenos cursos de matemática. Com base na sugestão de alguns amigos, ele decidiu experimentar a programação para ver se essa não seria a sua praia. Já se passaram 24 anos, e Jack vem elaborando e escrevendo códigos desde então. Com doutorado em matemática e 24 anos de experiência na indústria de softwares, Jack teve a ideia de escrever um livro sobre programação funcional, com certeza um assunto com raízes profundas na matemática, e este livro que você tem em mãos é o resultado disso. No seu tempo livre, Jack gosta de escrever e produzir música e estudar cibersegurança.

Colofão

O animal na capa de *Aprenda Programação Funcional* é um polvo bioluminescente (*Stauroteuthis syrtensis*), também conhecido como polvo-sugador-brilhante. Esses pequenos cefalópodes são encontrados no oceano Atlântico, tipicamente perto do limite da plataforma continental da costa oriental dos Estados Unidos. Eles já foram vistos em profundidades de até 4 mil metros e preferem águas com uma temperatura aproximada de 3°C.

O polvo bioluminescente tem uma pele vermelho-amarronzada que serve de camuflagem nas águas escuras e frias perto do leito oceânico. Seu manto macio tem de 5 a 10 centímetros de comprimento e é cercado por 8 tentáculos de comprimentos variados, sendo que o maior tem 35 centímetros. Os tentáculos são unidos por duas membranas que se estendem por $^2/_3$ do comprimento desde o manto, o que dá ao polvo-sugador-brilhante a aparência de um guarda-chuva aberto ou de um sino, permitindo-lhe movimentar seus tentáculos sem comprometer seu formato. Na maior parte das vezes, os pesquisadores encontraram esse polvo no seu formato de sino, com os tentáculos e a membrana estendidos para a frente, mas ele também consegue se movimentar contraindo a membrana para expelir a água, como uma medusa. Cada tentáculo vem equipado com 45 ventosas, mas diferentemente de outras espécies de polvos, elas não têm qualidade adesivas. Em vez disso, funcionam como órgãos luminescentes, emitindo um brilho azul-esverdeado por até 5 minutos. Esse polvo é uma das poucas espécies que têm bioluminescência, a qual pode ser usada para atrair presas ou afastar predadores.

O fato de ele passar boa parte de seu tempo no fundo do oceano dificulta o estudo do comportamento e da dieta do polvo-sugador-brilhante. Os cientistas ainda não encontraram um espécime jovem, de modo que pouco se sabe sobre seu desenvolvimento e expectativa de vida, mas acredita-se que ele põe 900 ovos de uma só vez. O estudo de espécimes conservados sugere que eles podem comer pequenos crustáceos, como copépodes, e sua membrana em forma de sino pode ser usada para capturar zooplâncton.

A UICN ainda não conseguiu classificar essa espécie devido à falta de dados; embora alguns estudos indiquem que alguns polvos bioluminescentes foram feridos por redes de pesca, a profundeza do seu habitat oceânico pode lhes oferecer alguma proteção contra outras ameaças humanas, como a mudança climática e a poluição. Muitos dos animais apresentados por este selo estão ameaçados; todos eles são importantes para o mundo.

A ilustração da capa foi feita por Karen Montgomery, baseada em uma gravura em preto e branco de *The Cephalopods of the North-Eastern Coast of America*. As fontes da capa são Gilroy Semibold e Guardian Sans. A fonte do texto é a Adobe Sabon LT Std; a fonte do cabeçalho é a Adobe Myriad Condensed; e a fonte dos códigos é a Lekton.